CLAVES DE LA CLARIDAD:
Desbloqueando una perspectiva basada en datos

Claridad en la Era de la Información:
Desafiando la Percepción

Aiko Ito

DEDICATORIA

Este libro está dedicado a todos aquellos que buscan la verdad en un mundo lleno de información. A aquellos que se esfuerzan por comprender la realidad más allá de las apariencias, y que están dispuestos a desafiar sus propias percepciones en busca de la claridad.

Dedico este libro a los curiosos, a los inquisitivos y a los apasionados por el conocimiento. A los que creen en el poder de los datos y la evidencia para iluminar el camino hacia una comprensión más profunda de nuestro mundo.

A mi familia, por su apoyo inquebrantable en mi búsqueda de la verdad. A mis colegas, cuyas investigaciones y colaboraciones han sido una fuente constante de inspiración. Y a ti, querido lector, que has decidido embarcarte en este viaje hacia una perspectiva basada en datos.

Que este libro sea una guía en tu búsqueda de claridad y que te inspire a desbloquear una visión más precisa y fundamentada en la realidad.

CONTENIDO

INTRODUCCIÓN A LA MULTISERIE: "CAMINOS DEL CAMBIO"

En el emocionante viaje que emprendemos a través de **"Caminos del Cambio,"** te invitamos a explorar un mundo de transformación, innovación y progreso. Esta multiserie es un mosaico literario que abarca una diversidad de temas, cada uno representando un hito en la evolución de la humanidad hacia un futuro más prometedor.

Nuestra multiserie está dividida en dos fascinantes series: **"Declives Transformadores"** y **"Ascensos Inspiradores."** Cada una de estas series está compuesta por una colección de libros, cada uno dedicado a un logro, un desafío superado o un horizonte más brillante en diferentes aspectos de la sociedad humana.

"Declives Transformadores" nos sumerge en un recorrido por las mejoras notables que la humanidad ha experimentado en áreas cruciales como la salud, el medio ambiente y la paz. Aquí, encontrarás historias de triunfo sobre adversidades pasadas, así como relatos de los avances más actuales que están dando forma a un futuro más sostenible y equitativo. Estos libros son testimonios de la capacidad innata de la humanidad para superar obstáculos y abrazar la esperanza.

"Ascensos Inspiradores", por otro lado, nos lleva a un viaje a través de los reinos del arte, la educación, la tecnología y la conciencia ambiental. Cada libro en esta serie es una ventana a un mundo de creatividad, conocimiento compartido y avances que nos inspiran a aspirar a lo mejor que la humanidad puede lograr. Son historias de triunfo humano, donde la perseverancia y la visión se encuentran con la innovación y la determinación.

A lo largo de esta multiserie, te embarcarás en un viaje a través del tiempo y del espacio, explorando logros históricos y visiones futuras. A medida que leas estos libros, te sumergirás en relatos emocionantes de cómo los desafíos se convierten en oportunidades, y cómo la colaboración y la pasión pueden transformar el mundo.

"Caminos del Cambio" es una invitación a contemplar el pasado, celebrar el presente y anticipar el futuro. Esperamos que te sientas inspirado y motivado por estas páginas, y que encuentres en ellas una visión más rica y profunda de lo que la humanidad puede lograr cuando se esfuerza por un bien común.

¡Prepárate para un viaje inolvidable a través de los "Caminos del Cambio"!

PREFACIO

En un mundo inundado de información, a menudo nos encontramos navegando por un océano de datos en busca de claridad. Este libro, **"Claves de la Claridad: Desbloqueando una Perspectiva Basada en Datos"**, es un faro en medio de esa vastedad, diseñado para guiarte hacia una comprensión más profunda y precisa del mundo que nos rodea.

La claridad es un tesoro escaso en la era de la información. Vivimos en un momento en el que las percepciones pueden ser fácilmente moldeadas por la desinformación, los prejuicios y las creencias arraigadas. Pero, ¿cómo podemos llegar a una visión más clara y objetiva de la realidad? La respuesta radica en la Factfulness, un enfoque que abrazo profundamente en este libro.

La Factfulness es la búsqueda constante de la verdad a través de datos y evidencia. Es la voluntad de desafiar nuestras intuiciones y sesgos para ver el mundo como realmente es. A lo largo de las páginas que siguen, exploraremos juntos los pilares de la Factfulness, desde la importancia de los datos en nuestra percepción hasta la gestión efectiva de la urgencia.

En cada capítulo, te sumergirás en un tema específico, desafiando tus preconcepciones y descubriendo cómo los datos y la evidencia pueden iluminar un camino hacia una comprensión más profunda. Verás ejemplos de distorsiones comunes, aprenderás a identificar y superar instintos humanos que nublan nuestra percepción y explorarás casos prácticos que te ayudarán a aplicar estos principios en tu vida diaria.

Este libro es un viaje de autodescubrimiento y crecimiento intelectual. No es solo una lectura pasiva, sino una invitación a la acción. Te insto a cuestionar, a investigar y a abrazar una perspectiva basada en datos en cada aspecto de tu vida.

A medida que avanzamos en este viaje, recuerda que la claridad no es un destino final, sino un camino continuo. La búsqueda de la verdad a través de datos y evidencia es un compromiso de por vida, y juntos, exploraremos las claves para desbloquear una perspectiva basada en datos que te empoderará para enfrentar un mundo complejo y cambiante.

Así que adelante, querido lector, sumérgete en estas páginas y desafía tus propias percepciones. La claridad te espera, y juntos, desbloquearemos las claves para alcanzarla.

AGRADECIMIENTOS

Durante el viaje de creación de este libro, he tenido el privilegio de contar con el apoyo y la colaboración de muchas personas excepcionales, sin las cuales esta obra no habría sido posible.

En primer lugar, quiero expresar mi profundo agradecimiento a mi familia por su amor inquebrantable y su comprensión durante las largas horas de escritura y reflexión. Su apoyo ha sido fundamental en este proceso.

A mis colegas y amigos, que han compartido sus conocimientos y perspectivas en innumerables conversaciones y debates, les agradezco por enriquecer este trabajo con sus valiosas aportaciones. Nuestra colaboración ha sido una fuente constante de inspiración.

A todos aquellos que han contribuido con datos, investigaciones y recursos que respaldan los conceptos presentados en este libro, les estoy profundamente agradecido. Su trabajo ha sido fundamental para respaldar la búsqueda de la verdad y la claridad.

A los lectores y seguidores que han compartido sus comentarios, preguntas y reflexiones a lo largo de mi carrera, les agradezco su compromiso con la búsqueda de una perspectiva basada en datos. Sus voces han sido una fuente constante de motivación.

Por último, pero no menos importante, a ti, querido lector, te agradezco por embarcarte en este viaje conmigo. Este libro está escrito con la esperanza de que encuentres valor y claridad en sus páginas, y tu interés y compromiso significan mucho para mí.

En conjunto, todos ustedes han contribuido a la creación **de "Claves de la Claridad: Desbloqueando una Perspectiva Basada en Datos"**. Espero que este libro sea una herramienta útil en tu búsqueda de la verdad y la comprensión en un mundo complejo y cambiante.

CAPÍTULO 1: COMPRENDIENDO LA FACTFULNESS

Introducción a Factfulness

La Factfulness es una lente a través de la cual vemos el mundo, una basada en datos y realidad, no en prejuicios y suposiciones. Esta forma de pensar, fundamental para comprender el mundo actual, se centra en la importancia de los hechos y las cifras reales en contraposición a las opiniones y emociones.

La esencia de la Factfulness radica en su capacidad para proporcionar una visión del mundo que es más precisa y menos dramática que nuestra percepción habitual. Estamos programados para prestar atención a las historias dramáticas y a menudo negativas; sin embargo, esto puede llevarnos a una comprensión distorsionada de la realidad. La Factfulness nos ayuda a equilibrar esa tendencia natural, brindándonos una visión más objetiva y menos sesgada del mundo.

Un elemento clave de la Factfulness es el reconocimiento y la superación de las distorsiones cognitivas. Estas distorsiones, como el sesgo de confirmación o el pensamiento de grupo, pueden impedir nuestra capacidad de interpretar los datos de manera objetiva. Al ser conscientes de estos sesgos y trabajar activamente para minimizar su impacto, podemos acercarnos más a una comprensión basada en datos del mundo.

El uso efectivo de los datos no solo nos ayuda a comprender mejor el mundo, sino que también nos empodera para tomar decisiones más informadas y efectivas. Ya sea en el ámbito de la política, la economía, la salud o la vida personal, una perspectiva basada en datos nos permite actuar de manera más racional y menos impulsiva.

Adoptar la Factfulness en nuestra vida diaria implica un compromiso constante con la evidencia y los datos. Significa cuestionar nuestras suposiciones, buscar fuentes confiables y estar dispuestos a cambiar nuestras opiniones cuando los datos lo justifiquen. Es un camino hacia una comprensión más profunda y matizada del mundo, un mundo que es a menudo más positivo y esperanzador de lo que nuestras percepciones sesgadas pueden sugerir.

La Factfulness no es solo una herramienta analítica; es una forma de vida que nos permite enfrentar los desafíos del mundo con una mente clara y un enfoque basado en la realidad. Al abrazar este enfoque, nos liberamos de los miedos infundados y las percepciones erróneas, abriendo camino a un entendimiento más profundo y matizado de nuestro entorno y de nosotros mismos.

La Importancia de los Datos en Nuestra Percepción

En la era de la información, los datos son esenciales para nuestra comprensión del mundo. Sin embargo, la verdadera importancia de los datos va más allá de su mera existencia; radica en cómo interpretamos y aplicamos estos datos en nuestra percepción diaria de la realidad.

Primero, los datos nos ofrecen un punto de referencia objetivo en un mar de opiniones y conjeturas. Frente a la avalancha de información, las opiniones pueden variar enormemente, pero los datos proporcionan un terreno común para el debate y la comprensión. Este terreno común es esencial para construir un entendimiento compartido de los problemas y desafíos que enfrentamos.

Los datos también actúan como un contrapeso a nuestras tendencias naturales hacia el sesgo y la exageración. El cerebro humano está programado para responder a narrativas emocionales y dramáticas, lo cual puede distorsionar nuestra percepción de la realidad. Los datos nos ayudan a equilibrar estas tendencias, ofreciendo una perspectiva más equilibrada y matizada del mundo.

Además, los datos nos permiten identificar y desafiar nuestras propias suposiciones y prejuicios. A menudo, nuestras opiniones están más influenciadas por nuestras experiencias personales y culturales que por hechos objetivos. Al confrontar nuestras creencias con datos reales, podemos empezar a desentrañar los prejuicios incrustados en nuestro pensamiento y ver el mundo más claramente.

La interpretación correcta de los datos también es fundamental. No se trata solo de acumular cifras y estadísticas, sino de entender su contexto, su origen y sus limitaciones. Una comprensión profunda de los datos implica saber qué preguntas hacer, cómo analizar las respuestas y cómo aplicar este conocimiento de manera efectiva en nuestras vidas.

Por último, los datos tienen el poder de transformar nuestra percepción de los problemas globales y locales. Nos permiten ver más allá de nuestras experiencias personales y comprender las realidades más amplias. Esto es esencial en un mundo interconectado, donde las decisiones tomadas en un lugar pueden tener un impacto significativo en otro.

En resumen, los datos son una herramienta invaluable para navegar en un mundo complejo y a menudo confuso. Nos ayudan a ver más allá de nuestras impresiones inmediatas y emocionales, brindándonos una base sólida sobre la cual podemos construir un entendimiento más verdadero y efectivo de nuestro entorno.

Ejemplos de Distorsiones Comunes

Las distorsiones cognitivas son trampas mentales que deforman nuestra percepción de la realidad, a menudo sin que nos demos cuenta. Estas distorsiones pueden llevarnos a interpretaciones erróneas de los datos y del mundo que nos rodea. Algunas de las más comunes incluyen:

1. **Sesgo de Confirmación:** Es la tendencia a buscar, interpretar, favorecer y recordar información de una manera que confirma nuestras creencias o hipótesis preexistentes. Ignoramos o desestimamos activamente datos que contradicen nuestras opiniones ya formadas. Por ejemplo, si estamos convencidos de que un cierto tratamiento médico es ineficaz, tendemos a ignorar nuevos estudios que demuestran su eficacia.

2. **Sesgo de Negatividad:** Esta distorsión nos lleva a prestar más atención a las noticias negativas que a las positivas. Por ejemplo, tendemos a enfocarnos más en historias de desastres naturales o conflictos políticos que en reportes de progreso social o avances científicos. Esto puede dar una impresión sesgada y pesimista del mundo.

3. **Error de Generalización:** Consiste en hacer generalizaciones amplias a partir de una sola experiencia o dato. Por ejemplo, si una persona tiene una mala experiencia con un producto, podría concluir que todos los productos de esa marca son deficientes, ignorando otras experiencias o reseñas positivas.

4. **Sesgo de Disponibilidad:** Esta distorsión se refiere a la tendencia a sobrestimar la importancia de la información que está más fácilmente disponible en nuestra memoria. Por ejemplo, después de ver noticias sobre un accidente aéreo, algunas personas pueden percibir que viajar en avión es mucho más peligroso de lo que realmente es, a pesar de las estadísticas que muestran lo contrario.

5. **Ilusión de Correlación:** A veces, percibimos una relación entre dos variables incluso cuando no existe. Por ejemplo, si creemos que los días lluviosos nos hacen sentir tristes, podríamos empezar a notar y recordar solo los días en que esta correlación parece cierta, ignorando todos los días lluviosos en los que nos sentimos bien o los días soleados en los que nos sentimos tristes.

6. **Sesgo de Anclaje:** Se refiere a la tendencia a depender demasiado de la primera pieza de información que se nos presenta (el "ancla") al tomar decisiones. Por ejemplo, si el primer artículo que leemos sobre un tema político presenta una perspectiva particular, podemos darle demasiado peso a esa perspectiva en discusiones futuras, incluso si se nos presentan datos contradictorios más tarde.

Reconocer estas distorsiones es el primer paso para superarlas. Al ser conscientes de estas trampas cognitivas, podemos esforzarnos por considerar los datos de manera más objetiva y equilibrada, lo que nos lleva a una comprensión más precisa y matizada del mundo.

Beneficios de una Visión Basada en Datos

Una visión basada en datos, libre de las trampas de las distorsiones cognitivas y los prejuicios emocionales, ofrece múltiples beneficios tanto en nuestra comprensión del mundo como en nuestra capacidad para tomar decisiones informadas. Estos beneficios incluyen:

1. **Mayor Objetividad:** Al centrarnos en los datos, nos alejamos de las interpretaciones subjetivas y emocionales de los eventos. Esto nos permite ver situaciones y problemas con mayor claridad, basándonos en hechos verificables en lugar de en opiniones o suposiciones.

2. **Decisiones Mejor Informadas:** Una perspectiva basada en datos nos equipa con información precisa y relevante, permitiéndonos tomar decisiones más fundamentadas. En campos como la salud, la política y la economía, donde las decisiones pueden tener consecuencias significativas, la importancia de este enfoque es aún mayor.

3. **Reducción de Prejuicios y Errores Cognitivos:** Al reconocer y ajustar los sesgos y errores cognitivos que distorsionan nuestra percepción, podemos acercarnos a una comprensión más equitativa y equilibrada de los problemas. Esto es crucial en un mundo diverso donde las decisiones deben considerar una variedad de perspectivas y experiencias.

4. **Capacidad de Enfrentar Mitos y Desinformación:** En una era de información excesiva y a menudo engañosa, una visión basada en datos es una herramienta poderosa contra la desinformación. Nos permite desafiar mitos y conceptos erróneos con argumentos fundamentados y evidencia sólida.

5. **Promoción de una Mentalidad de Crecimiento y Aprendizaje Continuo:** Una perspectiva basada en datos fomenta la curiosidad y el deseo de entender el mundo de manera más profunda. Nos impulsa a buscar constantemente nuevos conocimientos y a estar abiertos a cambiar nuestras opiniones a la luz de nueva evidencia.

6. **Mejor Comprensión de las Tendencias Globales y Locales:** Los datos nos permiten ver más allá de nuestro entorno inmediato y comprender tendencias y patrones globales. Esto nos ayuda a situar nuestra experiencia personal en un contexto más amplio y a comprender cómo nuestras acciones individuales se conectan con fenómenos globales.

7. **Empoderamiento para la Acción Efectiva:** Al comprender mejor los problemas y desafíos, estamos mejor equipados para tomar medidas efectivas. Ya sea en la esfera personal, profesional o política, una visión basada en datos nos da la confianza y las herramientas necesarias para actuar de manera efectiva y responsable.

En resumen, adoptar una visión basada en datos no solo mejora nuestra comprensión del mundo, sino que también nos empodera para interactuar con él de manera más efectiva y responsable. Nos libera de las limitaciones de las percepciones subjetivas y nos abre a un mundo de comprensión más profundo, matizado y auténticamente enriquecedor.

Primeros Pasos hacia la Factfulness

Adoptar un enfoque de Factfulness en nuestra vida diaria no es una tarea que se logra de la noche a la mañana, sino un proceso gradual de reajuste de cómo percibimos y entendemos el mundo. Aquí hay algunos pasos esenciales para comenzar este viaje:

1. **Cuestionar las Suposiciones Personales:** Comenzamos con un paso crítico pero a menudo desafiante: cuestionar nuestras propias creencias y suposiciones. Pregúntate a ti mismo: "¿Qué evidencia tengo para esta creencia? ¿Estoy ignorando datos que contradicen mi punto de vista?" Este autoexamen es fundamental para abrir nuestras mentes a una comprensión basada en datos.

2. **Buscar Fuentes Confiables de Datos:** No todos los datos son creados iguales. Busca fuentes de información que sean confiables, transparentes en sus métodos y objetivas en su presentación. Esto incluye instituciones de investigación respetadas, publicaciones académicas y medios de comunicación conocidos por su rigor periodístico.

3. **Aprender a Interpretar Datos:** Entender los datos requiere más que simplemente leer números y gráficos; implica comprender el contexto, la metodología y las limitaciones de esos datos. Invierte tiempo en aprender cómo se recopilan y analizan los datos, y qué significan realmente.

4. **Desarrollar Pensamiento Crítico:** El pensamiento crítico es esencial para evaluar tanto los datos como las interpretaciones de esos datos. No aceptes ninguna afirmación a su valor nominal; en su lugar, considera cuidadosamente la evidencia y los argumentos presentados.

5. **Mantener una Mente Abierta y Curiosa:** La Factfulness se trata de estar abierto a nuevos datos y perspectivas, incluso si desafían nuestras creencias existentes. Mantén una actitud de curiosidad y aprendizaje constante.

6. **Practicar el Escepticismo Saludable:** Mientras que una mente abierta es vital, también lo es un cierto grado de escepticismo. No todo lo que se presenta como "dato" es fiable. Aprender a discernir entre datos reales y afirmaciones infundadas es una habilidad vital.

7. **Incorporar la Factfulness en la Toma de Decisiones Diaria:** Comienza a aplicar un enfoque basado en datos en las decisiones diarias, grandes y pequeñas. Ya sea evaluando una noticia política o tomando una decisión de salud personal, pregunta: "¿Qué dicen los datos sobre esto?"

8. **Compartir y Fomentar la Factfulness:** Finalmente, comparte tu enfoque basado en datos con otros. Al promover la Factfulness en tu círculo social y profesional, puedes ayudar a crear un entorno más informado y racional.

Adoptar la Factfulness es un viaje hacia una comprensión más clara y precisa del mundo. Requiere paciencia, práctica y una voluntad constante de aprender y adaptarse. Al dar estos primeros pasos, te preparas para una vida enriquecida por una comprensión más profunda y basada en datos de la realidad que te rodea.

CAPÍTULO 2: EL INSTINTO DE SEPARACIÓN

Definiendo el Instinto de Separación

El "Instinto de Separación" se refiere a nuestra tendencia innata a categorizar y dividir el mundo en grupos distintos, a menudo basados en características superficiales o percepciones. Este instinto, arraigado en la historia humana y evolución, nos lleva a ver el mundo en términos de "nosotros" contra "ellos". Aunque alguna vez fue fundamental para la supervivencia de nuestros ancestros, en el mundo moderno, este instinto puede conducir a una comprensión fragmentada y a menudo errónea de la realidad.

Este instinto se manifiesta de diversas maneras, desde la división en grupos étnicos, nacionales o religiosos, hasta las divisiones en el ámbito político o social. Aunque categorizar puede ser útil para simplificar nuestro entorno y tomar decisiones rápidas, también puede ser peligroso. Conduce a estereotipos, prejuicios y, en el peor de los casos, a la discriminación y el conflicto.

La naturaleza del Instinto de Separación es tal que a menudo opera a nivel subconsciente, influenciando nuestras percepciones y decisiones sin que nos demos cuenta. Esto se evidencia en cómo interactuamos con los demás, cómo consumimos noticias y cómo interpretamos eventos mundiales. Tendemos a favorecer a aquellos que percibimos como parte de nuestro "grupo" y a desconfiar o menospreciar a aquellos que consideramos "otros".

Para combatir este instinto, es vital reconocerlo y entender cómo afecta nuestra visión del mundo. Una vez que somos conscientes de este sesgo, podemos trabajar activamente para contrarrestarlo. Esto implica cuestionar nuestras categorizaciones y estereotipos, buscar puntos en común con los demás, y esforzarnos por adoptar una perspectiva más inclusiva y unificadora.

En el mundo interconectado de hoy, superar el Instinto de Separación es más importante que nunca. Nos enfrentamos a desafíos globales que requieren cooperación y entendimiento mutuo. Al reconocer y abordar este instinto, podemos avanzar hacia un enfoque más colaborativo y menos divisivo en nuestras interacciones personales, profesionales y globales.

Identificación en la Vida Diaria

El Instinto de Separación no solo opera en grandes escenarios políticos o sociales, sino que también se manifiesta en nuestra vida diaria de maneras sutiles pero significativas. Reconocer cómo este instinto influye en nuestras interacciones cotidianas es un paso fundamental para mitigarlo. Aquí hay varios ejemplos de cómo el Instinto de Separación puede aparecer en situaciones comunes:

1. **Interacciones Sociales y Laborales:** En el trabajo o en reuniones sociales, tendemos a agruparnos con personas que consideramos similares a nosotros, ya sea por profesión, intereses, origen o incluso por opiniones políticas. Esto puede llevar a la formación de "grupos de eco" donde las ideas y perspectivas se refuerzan entre sí, excluyendo activamente puntos de vista alternativos.

2. **Consumo de Medios:** Nuestras elecciones de medios a menudo reflejan el Instinto de Separación. Podemos preferir fuentes de noticias que se alineen con nuestra visión del mundo, reforzando nuestras creencias preexistentes y descartando información que pueda desafiarlas.

3. **Percepciones de Comunidad:** En nuestras comunidades, el instinto puede llevarnos a categorizar a las personas según su apariencia, origen étnico o estatus socioeconómico. Esto puede influir en cómo interactuamos con ellos, a menudo de manera inconsciente.

4. **Respuestas a Crisis o Conflictos:** En situaciones de crisis, como desastres naturales o conflictos, este instinto puede llevarnos a ayudar selectivamente a aquellos que percibimos como parte de nuestro grupo, mientras ignoramos o minimizamos las necesidades de otros.

5. **Preferencias y Prejuicios en el Consumo:** Incluso nuestras elecciones de consumo, como los productos que compramos o los servicios que utilizamos, pueden verse influenciadas por el Instinto de Separación, prefiriendo marcas o empresas que percibimos como alineadas con nuestro grupo o valores.

6. **Educación y Enseñanza:** En entornos educativos, los educadores y estudiantes pueden agruparse según intereses, niveles de habilidad o antecedentes, a menudo excluyendo involuntariamente a aquellos que no encajan en estos grupos.

7. **Redes Sociales y Comunidades en Línea:** Las plataformas de redes sociales a menudo amplifican el Instinto de Separación al permitirnos interactuar principalmente con personas que comparten nuestras opiniones, creando cámaras de eco virtuales.

Al identificar cómo el Instinto de Separación se manifiesta en nuestra vida diaria, podemos tomar medidas conscientes para contrarrestarlo. Esto incluye esforzarnos por ser más inclusivos en nuestras interacciones, buscar activamente perspectivas diversas y cuestionar nuestras suposiciones y prejuicios. Al hacerlo, podemos empezar a desmantelar las barreras invisibles que construimos a nuestro alrededor y fomentar un mayor entendimiento y empatía en nuestro día a día.

Consecuencias de este Instinto

El Instinto de Separación, aunque arraigado en nuestra psicología como una herramienta de supervivencia primitiva, puede tener consecuencias negativas profundas en la sociedad moderna. Estas consecuencias se extienden desde el ámbito personal hasta el global y pueden afectar todos los aspectos de nuestras vidas:

1. **Polarización Social y Política:** Uno de los efectos más evidentes es la creciente polarización en la sociedad. Al categorizar a las personas en "nosotros" y "ellos", se intensifican las divisiones políticas, sociales y culturales. Esto lleva a un entorno en el que el diálogo y el compromiso se vuelven cada vez más difíciles.

2. **Discriminación y Estigmatización:** El Instinto de Separación puede conducir a la discriminación contra grupos que se perciben como "otros". Esto puede manifestarse en prejuicios, trato injusto y estigmatización, afectando a individuos en su vida cotidiana, en oportunidades laborales, en la justicia y en su interacción con el sistema de salud.

3. **Conflictos y Violencia:** A nivel extremo, este instinto puede ser un factor contribuyente en conflictos étnicos, religiosos o culturales. La percepción de las diferencias como amenazas puede escalar en hostilidades y, en algunos casos, en violencia.

4. **Barreras al Progreso y a la Cooperación:** La tendencia a ver el mundo a través de un lente divisivo obstaculiza la cooperación y el progreso colectivo. En los desafíos globales, como el cambio climático o las pandemias, esta división puede impedir soluciones efectivas que requieren colaboración y entendimiento mutuo.

5. **Limitación del Crecimiento Personal y Profesional:** A nivel personal, el Instinto de Separación limita nuestras oportunidades de crecimiento. Al rodearnos de personas y opiniones que reflejan nuestras propias creencias, nos privamos de la riqueza que ofrecen perspectivas y experiencias diversas.

6. **Sesgos en la Toma de Decisiones:** Este instinto también afecta nuestras decisiones, llevándonos a favorecer a aquellos que percibimos como similares a nosotros y a desconfiar de los "otros". En el ámbito empresarial, político o incluso en decisiones cotidianas, esto puede resultar en elecciones no basadas en méritos o hechos, sino en prejuicios.

7. **Degradación de la Salud Mental y Relaciones Interpersonales:** A nivel psicológico, la división constante entre "nosotros" y "ellos" puede alimentar ansiedad, miedo y desconfianza, deteriorando no solo la salud mental individual sino también las relaciones interpersonales.

Reconocer y abordar el Instinto de Separación es crucial para construir una sociedad más justa, inclusiva y cooperativa. Al comprender las consecuencias de este instinto, podemos comenzar a tomar medidas para mitigar su impacto en nuestras vidas y en la sociedad en general.

Técnicas para Superar el Instinto de Separación

Superar el Instinto de Separación requiere un enfoque consciente y deliberado. Aquí presento algunas técnicas eficaces para contrarrestar este instinto, fomentando una mayor comprensión y conexión entre individuos y grupos:

1. **Exposición a Diversas Perspectivas:** Activamente busca y participa en experiencias que te expongan a diferentes culturas, ideas y opiniones. Esto puede ser a través de viajes, lectura, asistir a eventos culturales, o simplemente entablar conversaciones con personas de distintos orígenes.

2. **Educación y Conocimiento:** Infórmate sobre la historia y las experiencias de diferentes grupos. Comprender los contextos sociales, económicos y culturales de otros puede fomentar la empatía y reducir los prejuicios.

3. **Autoreflexión Crítica:** Evalúa críticamente tus propios prejuicios y suposiciones. Pregúntate por qué categorizas a las personas de ciertas maneras y considera cómo tus experiencias y entorno pueden haber influido en estas percepciones.

4. **Practicar la Empatía:** Intenta ver situaciones desde la perspectiva de otros. Pregúntate cómo te sentirías en su lugar y qué factores podrían haber influido en sus decisiones o creencias.

5. **Dialogar y Escuchar Activamente:** Participa en conversaciones con personas que tienen puntos de vista diferentes. Escucha activamente sin juzgar y trata de entender su punto de vista, aunque no estés de acuerdo.

6. **Desarrollar la Conciencia de los Sesgos Inconscientes:** Sé consciente de que todos tenemos sesgos inconscientes y trabaja activamente para identificarlos y abordarlos en tus pensamientos y acciones.

7. **Fomentar la Inclusión en tu Entorno:** En tu lugar de trabajo, escuela o comunidad, promueve prácticas y políticas que fomenten la inclusión y la diversidad. Esto puede incluir programas de formación, políticas de igualdad de oportunidades y espacios seguros para el diálogo intercultural.

8. **Celebrar la Diversidad:** En lugar de ver las diferencias como una fuente de división, celébralas como una riqueza que enriquece nuestras experiencias y comprensión del mundo.

9. **Participar en Proyectos de Colaboración:** Participa en proyectos o actividades que requieran la cooperación de personas de diversos orígenes. Trabajar hacia un objetivo común puede ayudar a romper barreras y construir relaciones.

10. **Modelar Comportamientos Inclusivos:** Sé un ejemplo para otros mostrando respeto, apertura y curiosidad hacia todas las personas, independientemente de sus antecedentes o creencias.

Al incorporar estas técnicas en nuestras vidas, no solo mitigamos el Instinto de Separación, sino que también enriquecemos nuestra comprensión y apreciación del mundo. Esto conduce a una sociedad más cohesiva, comprensiva y colaborativa, donde las diferencias son vistas no como barreras, sino como oportunidades para aprender y crecer juntos.

Casos Prácticos y Ejemplos

Para ilustrar cómo superar el Instinto de Separación, consideremos algunos casos prácticos y ejemplos reales que demuestran la aplicación efectiva de las técnicas mencionadas:

1. **Proyectos de Cooperación Internacional:** Las organizaciones que trabajan en proyectos de cooperación internacional a menudo reúnen a personas de diversos orígenes. Un ejemplo puede ser un proyecto de salud global donde expertos de diferentes países colaboran. A pesar de las diferencias culturales y lingüísticas, el enfoque común en un objetivo humanitario ayuda a superar barreras y prejuicios.

2. **Iniciativas de Intercambio Cultural en Escuelas:** Programas de intercambio cultural en las escuelas permiten a los estudiantes experimentar directamente otras culturas. Por ejemplo, un intercambio entre estudiantes de diferentes países puede desmentir estereotipos y fomentar la comprensión y amistad entre jóvenes de diversos orígenes.

3. **Diálogos Comunitarios sobre Temas Sensibles:** En muchas comunidades, se organizan diálogos o foros para discutir temas sensibles como la inmigración o la justicia social. Estos encuentros facilitan la comprensión mutua y pueden ayudar a reducir tensiones y prejuicios.

4. **Empresas con Políticas de Diversidad Activa:** Algunas corporaciones implementan políticas activas de diversidad e inclusión. Por ejemplo, una empresa que promueve la contratación y el desarrollo de talento de grupos subrepresentados no solo mejora su ambiente laboral sino que también desafía los prejuicios de sus empleados.

5. **Iniciativas de Arte y Medios que Promueven la Diversidad:** Proyectos artísticos o mediáticos que resaltan historias de diversos grupos pueden ser poderosos en cambiar percepciones. Un documental que muestra las experiencias de inmigrantes, por ejemplo, puede humanizar un tema a menudo politizado y promover una mayor empatía.

6. **Programas de Mentoría y Voluntariado:** Programas que unen a personas de diferentes orígenes para trabajar en un objetivo común, como el voluntariado en una causa benéfica, pueden construir puentes significativos. Un mentor en una empresa, por ejemplo, que guía a alguien de un trasfondo muy diferente al suyo, puede aprender tanto como el mentee.

7. **Eventos Deportivos y Culturales:** Eventos que reúnen a personas de diferentes culturas, como torneos deportivos internacionales o festivales de música, pueden servir como plataformas para la interacción intercultural y la construcción de relaciones.

Estos ejemplos muestran cómo, en diversos contextos, las personas y organizaciones están trabajando para superar el Instinto de Separación. Al adoptar estrategias que promueven la diversidad, la inclusión y el entendimiento mutuo, podemos comenzar a desmantelar las barreras que nos dividen y construir un mundo más unificado y comprensivo.

CAPÍTULO 3: ENFRENTANDO EL INSTINTO DE NEGATIVIDAD

Naturaleza del Instinto de Negatividad

El Instinto de Negatividad es una tendencia humana arraigada a prestar más atención a las noticias negativas que a las positivas. Este instinto tiene sus raíces en la evolución: en el pasado, prestar atención a las amenazas potenciales era crucial para la supervivencia. Sin embargo, en el mundo moderno, este instinto a menudo distorsiona nuestra percepción de la realidad, llevándonos a una visión del mundo más negativa y pesimista de lo que justifican los hechos.

Este instinto se manifiesta de varias maneras:

1. **Preocupación Excesiva por las Malas Noticias:** Tendemos a enfocarnos en historias de desastres, conflictos y crisis, ignorando o minimizando los relatos de progreso y éxito. Esto puede crear una imagen del mundo desproporcionadamente sombría.

2. **Recuerdo Selectivo de Experiencias Negativas:** Recordamos más fácilmente eventos negativos que positivos. Un fracaso en un proyecto, por ejemplo, a menudo se percibe como más significativo que muchos éxitos menores.

3. **Sesgo en la Percepción de Riesgos:** Sobrestimamos la probabilidad de resultados negativos. Por ejemplo, muchos temen volar a pesar de que las estadísticas muestran que es una de las formas más seguras de viajar.

4. **Reacción más Fuerte a la Información Negativa:** Las críticas o comentarios negativos suelen tener un impacto emocional más fuerte en nosotros que los elogios o comentarios positivos.

Este instinto no solo afecta nuestra salud mental y bienestar, sino que también puede influir en nuestras decisiones y relaciones. Puede llevar a un enfoque pesimista en la toma de decisiones, desalentar el riesgo y la innovación, y crear un ciclo de negatividad que refuerza sus propios efectos.

Reconocer y comprender la naturaleza del Instinto de Negatividad es el primer paso para abordarlo. Al ser conscientes de esta tendencia, podemos comenzar a equilibrar nuestra perspectiva, prestando más atención a los datos y hechos que contradicen esta visión sesgada. Este enfoque basado en datos puede ayudarnos a ver el mundo de una manera más equilibrada y objetiva, llevando a una comprensión más realista y matizada de nuestra realidad.

Impacto Psicológico y Social del Instinto de Negatividad

El Instinto de Negatividad, al sesgar nuestra percepción hacia lo negativo, tiene profundos impactos tanto en nuestra psicología individual como en la sociedad en general.

1. **Ansiedad y Pesimismo Personal:** A nivel individual, una constante exposición y enfoque en las noticias y eventos negativos pueden alimentar sentimientos de ansiedad y desesperanza. Esto se debe a que nuestra percepción de la realidad se ve afectada, llevándonos a creer que el mundo es más peligroso y sombrío de lo que realmente es. El constante bombardeo de historias negativas, especialmente en los medios de comunicación, puede tener un efecto erosivo en nuestro bienestar mental.

2. **Parálisis en la Toma de Decisiones:** El miedo y la preocupación excesiva que surgen del Instinto de Negatividad pueden llevar a la indecisión o a la aversión al riesgo. En el ámbito personal, esto puede manifestarse en el temor a realizar cambios de vida importantes. En el ámbito profesional, puede resultar en una reticencia a innovar o adoptar nuevas estrategias, debido al miedo al fracaso o a las consecuencias negativas.

3. **Erosión de la Confianza Social:** A nivel social, este instinto puede contribuir a una disminución de la confianza en las instituciones y en los demás. Cuando las historias de corrupción, incompetencia o mala conducta dominan los titulares, se puede desarrollar una sensación generalizada de desconfianza y cinismo hacia las autoridades y la sociedad.

4. **Polarización y Conflicto:** La inclinación a enfocarse en aspectos negativos puede exacerbar la polarización. En el ámbito político y social, el énfasis en los conflictos, diferencias y problemas puede aumentar las divisiones y tensiones, impidiendo el diálogo y la búsqueda de soluciones comunes.

5. **Impacto en la Salud Física:** Existe una conexión entre la salud mental y física. La ansiedad crónica y el estrés causados por una perspectiva negativa constante pueden tener efectos nocivos en la salud física, incluyendo problemas cardíacos, trastornos del sueño y un sistema inmunológico debilitado.

6. **Desaliento del Progreso y la Acción Positiva:** El enfoque en lo negativo puede hacer que los desafíos parezcan insuperables, desalentando los esfuerzos individuales y colectivos para el cambio y la mejora. Esto puede frenar el progreso en áreas importantes como la sostenibilidad ambiental, la justicia social y la innovación tecnológica.

Comprender el impacto del Instinto de Negatividad es vital para contrarrestarlo. Al reconocer cómo este instinto influye en nuestras percepciones y comportamientos, podemos tomar medidas conscientes para adoptar una visión más equilibrada y basada en hechos, lo que a su vez puede mejorar nuestra salud mental, nuestras relaciones y nuestra capacidad para contribuir positivamente a la sociedad.

Estrategias de Afrontamiento para el Instinto de Negatividad

Para contrarrestar el Instinto de Negatividad, es fundamental adoptar estrategias que nos ayuden a equilibrar nuestra percepción y a enfocarnos en una visión más objetiva y positiva de la realidad. Aquí se presentan algunas estrategias efectivas:

1. **Conciencia y Reconocimiento:** El primer paso es ser consciente de este instinto y reconocer cómo puede estar influyendo en nuestras percepciones. Esto implica reflexionar sobre cómo consumimos noticias y cómo reaccionamos a ellas.

2. **Limitar la Exposición a Noticias Negativas:** Si bien es importante estar informados, es igualmente vital no sobrecargarse con noticias negativas. Esto puede significar limitar el tiempo dedicado a leer o ver noticias, o ser selectivo con las fuentes de información.

3. **Buscar Activamente Noticias Positivas:** Haz un esfuerzo consciente para buscar historias positivas y avances. Muchos medios de comunicación y plataformas en línea se dedican a resaltar noticias optimistas y progresos significativos en varios campos.

4. **Practicar la Gratitud:** Cultivar un hábito de gratitud puede contrarrestar la tendencia a enfocarse en lo negativo. Dedica tiempo cada día para reflexionar sobre las cosas por las que estás agradecido.

5. **Mantener una Perspectiva Basada en Datos:** Cuando te enfrentes a noticias preocupantes o negativas, busca datos y estadísticas que proporcionen un contexto más amplio. Esto puede ayudar a equilibrar una visión sesgada y aportar una perspectiva más objetiva.

6. **Desarrollo de Resiliencia Emocional:** Fortalece tu capacidad para manejar emociones negativas a través de prácticas como la meditación, el mindfulness o la terapia. Estas técnicas pueden ayudar a gestionar la ansiedad y el estrés que pueden surgir de un enfoque negativo.

7. **Participación en Acciones Positivas:** Involúcrate en actividades que tengan un impacto positivo, ya sea a nivel comunitario o en proyectos más amplios. Tomar acción puede generar una sensación de empoderamiento y optimismo.

8. **Conexión con Otros:** Compartir preocupaciones y experiencias positivas con amigos, familiares o grupos de apoyo puede proporcionar una perspectiva más equilibrada y reducir sentimientos de aislamiento o desesperanza.

9. **Ejercicio Físico y Hábitos Saludables:** Mantener un estilo de vida saludable, incluyendo ejercicio regular, una dieta equilibrada y un sueño adecuado, puede mejorar el bienestar general y aumentar la resistencia al estrés y la negatividad.

10. **Reflexión y Escritura:** Llevar un diario o escribir reflexiones puede ser una herramienta poderosa para procesar emociones y pensamientos negativos, ayudando a ponerlos en perspectiva y a encontrar aspectos positivos.

Al adoptar estas estrategias, podemos empezar a mitigar el impacto del Instinto de Negatividad en nuestras vidas, lo que conduce a una perspectiva más equilibrada, un mayor bienestar y una participación más efectiva y positiva en el mundo.

Ejercicios de Reenfoque Positivo

Para combatir el Instinto de Negatividad, los ejercicios de reenfoque positivo pueden ser herramientas poderosas. Estos ejercicios nos ayudan a desplazar nuestra atención de lo negativo a lo positivo, equilibrando nuestra percepción general del mundo. Aquí hay algunos ejercicios efectivos:

1. **Diario de Positividad:** Dedica unos minutos cada día para escribir cosas positivas que te sucedieron. Esto puede incluir logros, interacciones agradables, o incluso pequeñas alegrías. Con el tiempo, esta práctica puede cambiar tu enfoque hacia una apreciación más constante de los aspectos positivos de la vida.

2. **Meditación de Agradecimiento:** Realiza una meditación diaria centrada en la gratitud. Concéntrate en las cosas, personas y experiencias por las que estás agradecido. La gratitud puede reducir el estrés y fomentar una perspectiva más positiva.

3. **Visualización Positiva:** Dedica tiempo a visualizar resultados y experiencias positivas. Imagina alcanzar tus metas, superar desafíos o simplemente disfrutar de un día tranquilo. La visualización puede aumentar tu motivación y mejorar tu estado de ánimo.

4. **Desafío de Pensamiento Positivo:** Cuando enfrentes pensamientos negativos, desafíate a ti mismo para encontrar un aspecto positivo o una lección aprendida en la situación. Transformar el pensamiento negativo en una oportunidad de crecimiento puede ayudarte a desarrollar una mentalidad más resiliente y optimista.

5. **Ejercicio de Reencuadre:** Práctica de reencuadrar situaciones negativas en un contexto más positivo o neutral. Por ejemplo, si enfrentas un fracaso, en lugar de verlo como un revés total, intenta verlo como una oportunidad para aprender y mejorar.

6. **Celebración de Pequeñas Victorias:** Haz un esfuerzo consciente para reconocer y celebrar tus logros, incluso los pequeños. Esto puede ayudar a construir confianza y a mantener un enfoque positivo en tus capacidades y progresos.

7. **Práctica de Mindfulness:** Participa en actividades de mindfulness, como la atención plena o el yoga. Estas prácticas pueden ayudarte a centrarte en el presente y a apreciar los aspectos positivos de tu vida diaria.

8. **Reducción de la Exposición a Negatividad:** Conscientemente reduce tu exposición a fuentes de negatividad, como ciertos programas de noticias o redes sociales. Reemplaza este tiempo con actividades que te aporten alegría y satisfacción.

9. **Compartir Positividad con Otros:** Comparte experiencias positivas con amigos o familiares. Hablar sobre eventos felices o logros no solo refuerza tu propio enfoque positivo, sino que también puede mejorar el estado de ánimo de los demás.

10. **Voluntariado y Actos de Bondad:** Participa en voluntariado o realiza actos de bondad. Ayudar a otros y contribuir a tu comunidad puede proporcionar un sentido de propósito y satisfacción, reforzando un enfoque positivo en la vida.

Estos ejercicios no solo ayudan a combatir el Instinto de Negatividad, sino que también fomentan una mayor felicidad y satisfacción en la vida. Al practicar regularmente el reenfoque positivo, podemos desarrollar una mentalidad más equilibrada y saludable.

Historias de Superación

Las historias de superación son testimonios poderosos de cómo las personas han logrado combatir el Instinto de Negatividad y transformar sus perspectivas y vidas. Estos relatos no solo inspiran, sino que también proporcionan valiosos ejemplos prácticos de cómo aplicar estrategias de reenfoque positivo. Aquí presento algunas historias inspiradoras:

1. **La Historia de un Emprendedor:** Un joven emprendedor enfrentó múltiples fracasos en sus primeros intentos de negocio. En lugar de rendirse, utilizó estas experiencias para aprender sobre resiliencia y gestión. A través de la reflexión y el reenfoque en sus habilidades y aprendizajes, finalmente fundó una empresa exitosa. Su historia resalta la importancia de ver los fracasos como oportunidades de crecimiento.

2. **Superación de una Enfermedad:** Una mujer, diagnosticada con una enfermedad crónica, inicialmente cayó en desesperanza y negatividad. Con el tiempo, encontró fuerza en su situación, utilizando su experiencia para educar y apoyar a otros en circunstancias similares. Su viaje demuestra cómo el reenfoque de una experiencia negativa en una causa positiva puede dar un nuevo sentido a la vida.

3. **Cambio de Carrera Exitoso:** Un profesional de mediana edad, insatisfecho con su carrera, decidió dar un giro radical y seguir su pasión por el arte. A pesar del miedo y la incertidumbre, se centró en su amor por la creatividad y su deseo de una vida más cumplida. Su historia es un ejemplo de cómo el optimismo y la voluntad de tomar riesgos calculados pueden conducir a una vida más auténtica y satisfactoria.

4. **Recuperación de una Adicción:** Un individuo luchando con la adicción logró dar un giro positivo a su vida a través de la ayuda, el autocuidado y el apoyo comunitario. Su historia subraya el poder de la resiliencia y cómo la búsqueda activa de ayuda y el enfoque en la recuperación pueden reconducir una vida hacia un camino positivo.

5. **De la Pobreza a la Activista Social:** Creciendo en un entorno de pobreza y desafíos, una persona logró superar su situación y convertirse en un activista social influyente. Utilizó su experiencia para alimentar su pasión por el cambio social y la justicia, mostrando cómo las circunstancias adversas pueden transformarse en una fuente de fortaleza y motivación.

Estas historias de superación no solo sirven como inspiración, sino que también ilustran la aplicación práctica de estrategias positivas frente a la adversidad. Nos recuerdan que, aunque no siempre podemos controlar las circunstancias externas, tenemos el poder de elegir cómo respondemos a ellas y cómo reorientar nuestras vidas hacia trayectorias positivas y enriquecedoras.

CAPÍTULO 4: DESAFIANDO EL INSTINTO DE LÍNEA RECTA

Comprendiendo la No Linealidad

El Instinto de Línea Recta es la tendencia a esperar que las tendencias actuales continúen en el futuro de manera lineal y predecible. Este instinto a menudo nos lleva a sobrestimar el impacto de una tendencia a corto plazo, ignorando la complejidad y la naturaleza impredecible del cambio en muchos fenómenos, especialmente en los sistemas sociales, económicos y ambientales.

Comprender la no linealidad implica reconocer que:

1. **El Cambio no es Siempre Gradual:** A menudo asumimos que el cambio ocurre a un ritmo constante y predecible, pero en realidad, puede ser abrupto o irregular. Por ejemplo, el avance tecnológico no siempre sigue un camino suave; a veces, una innovación puede provocar un cambio repentino y transformador.

2. **Las Interacciones Complejas Afectan los Resultados:** Los sistemas del mundo real, como los ecosistemas, las economías y las sociedades, son complejos y sus componentes interactúan de maneras que no siempre son predecibles. Una pequeña alteración en una parte del sistema puede tener efectos desproporcionados en otra parte.

3. **La Historia no Dicta el Futuro:** Aunque el análisis histórico es crucial para entender los patrones, no es un predictor infalible del futuro. Las condiciones cambian, y lo que funcionó o sucedió en el pasado no garantiza el mismo resultado en el futuro.

4. **Los Umbrales y Puntos de Inflexión son Esenciales:** Los sistemas pueden tener umbrales o puntos de inflexión donde, una vez cruzados, ocurren cambios significativos y a menudo irreversibles. Por ejemplo, en la crisis climática, ciertos niveles de calentamiento global pueden desencadenar cambios dramáticos y duraderos en el clima de la Tierra.

5. **La Adaptabilidad es Clave:** En un mundo no lineal, la adaptabilidad y la flexibilidad son esenciales. Las estrategias y soluciones deben ser dinámicas y capaces de ajustarse a cambios inesperados.

Al desafiar el Instinto de Línea Recta y abrazar la complejidad y la no linealidad del mundo, podemos desarrollar una comprensión más matizada y prepararnos mejor para enfrentar los desafíos y cambios inesperados. Esto implica adoptar un enfoque más holístico y sistémico en nuestro pensamiento y planificación, reconociendo que el cambio es a menudo impredecible y que las soluciones requieren flexibilidad y creatividad.

Errores Comunes y sus Efectos Relacionados con el Instinto de Línea Recta

El Instinto de Línea Recta a menudo conduce a varios errores comunes en nuestra interpretación y anticipación de eventos y tendencias. Estos errores pueden tener efectos significativos en nuestras decisiones y comprensión del mundo:

1. **Extrapolación Excesiva:** Un error común es asumir que si algo está aumentando o disminuyendo en el presente, continuará haciéndolo en el futuro al mismo ritmo. Por ejemplo, la extrapolación de las tendencias actuales del mercado de valores sin considerar posibles cambios o crisis futuras puede llevar a decisiones de inversión riesgosas.

2. **Ignorar la Saturación del Mercado:** En los negocios, el error de asumir que un mercado en crecimiento continuará expandiéndose indefinidamente puede llevar a la sobreproducción o a una expansión insostenible. La realidad es que casi todos los mercados alcanzan eventualmente un punto de saturación.

3. **Subestimar la Innovación:** El pensamiento lineal puede llevarnos a subestimar el potencial de la innovación disruptiva. Por ejemplo, muchas industrias fueron lentas para adaptarse a la revolución digital, asumiendo que los cambios serían graduales y manejables.

4. **Despreparación para Cambios Abruptos:** El Instinto de Línea Recta puede llevar a una falta de preparación para cambios abruptos o crisis. En el ámbito de la salud pública, por ejemplo, la falta de preparación para una pandemia rápida y global puede tener consecuencias devastadoras.

5. **Gestión Inadecuada de Recursos:** En términos de recursos naturales, asumir que la disponibilidad actual continuará en el futuro puede llevar a una gestión insostenible y a la sobreexplotación, ignorando los posibles puntos de inflexión ecológicos.

6. **Planificación Urbana y de Infraestructura Ineficaz:** En la planificación urbana, el supuesto de crecimiento poblacional constante puede llevar a infraestructuras sobredimensionadas o insuficientemente dimensionadas, resultando en problemas de gestión y financiamiento.

7. **Políticas Públicas Cortoplacistas:** En la política, la extrapolación lineal puede resultar en políticas que no tienen en cuenta los posibles cambios futuros en la sociedad o el medio ambiente, lo que lleva a soluciones a corto plazo que pueden ser insostenibles a largo plazo.

8. **Desafíos en la Educación y la Formación Laboral:** En la educación, la suposición de que las habilidades y conocimientos actuales seguirán siendo relevantes puede llevar a un enfoque de formación desactualizado, no preparando a los estudiantes para un futuro cambiante.

Estos errores ilustran la importancia de desafiar el Instinto de Línea Recta y adoptar un pensamiento más flexible y adaptativo. Al reconocer la no linealidad inherente a muchos procesos y sistemas, podemos planificar de manera más efectiva, anticipar cambios y adaptarnos a un mundo en constante evolución.

Métodos para Analizar Tendencias

En el contexto del Instinto de Línea Recta, es vital adoptar métodos de análisis que reconozcan la complejidad y la no linealidad de las tendencias. Estos métodos nos permiten evaluar más acertadamente los patrones y hacer pronósticos más informados y realistas. Algunas técnicas clave incluyen:

1. **Análisis de Series Temporales:** Utiliza modelos estadísticos para analizar secuencias de datos a lo largo del tiempo, identificando tendencias, ciclos, y variaciones estacionales o irregulares. Este método es útil para distinguir entre fluctuaciones a corto plazo y cambios a largo plazo.

2. **Modelos de Regresión:** Los modelos de regresión, especialmente los no lineales, pueden ser eficaces para predecir tendencias. Permiten estimar cómo un conjunto de variables predictoras afecta una variable de interés, teniendo en cuenta posibles relaciones no lineales.

3. **Análisis de Escenarios:** Esta técnica implica desarrollar diferentes escenarios futuros basados en variaciones en las variables clave. Ayuda a anticipar una gama de posibilidades y prepararse para distintos futuros potenciales.

4. **Modelado Predictivo Avanzado:** El uso de algoritmos de inteligencia artificial y aprendizaje automático para analizar tendencias puede revelar patrones y relaciones no evidentes mediante métodos tradicionales. Estos modelos pueden adaptarse y aprender de nuevos datos, haciéndolos particularmente útiles en entornos cambiantes.

5. **Análisis de Sensibilidad:** Esta técnica examina cómo los diferentes valores de una variable afectan los resultados, ayudando a identificar cuáles son los factores más influyentes y cómo podrían impactar las tendencias futuras.

6. **Simulaciones y Modelos de Sistemas:** Las simulaciones, especialmente en sistemas complejos, permiten ver cómo las interacciones entre diferentes componentes pueden llevar a resultados inesperados. Esto es útil para entender fenómenos como el cambio climático o la economía de mercado.

7. **Benchmarking y Análisis Comparativo:** Comparar tendencias en diferentes regiones, industrias o períodos puede proporcionar una perspectiva más amplia y ayudar a identificar factores únicos o patrones generales.

8. **Uso de Indicadores Líderes:** Identificar y monitorear indicadores líderes, que cambian antes de que una tendencia se haya establecido, puede proporcionar una alerta temprana sobre posibles cambios de dirección.

9. **Revisión y Actualización Continua:** Las tendencias deben revisarse y actualizarse regularmente para incorporar nuevos datos y perspectivas, asegurando que los análisis sigan siendo relevantes y precisos.

10. **Enfoque Interdisciplinario:** Combinar perspectivas de diferentes disciplinas, como economía, sociología, y ciencia ambiental, puede enriquecer el análisis de tendencias, aportando una comprensión más holística.

Al integrar estos métodos en nuestro análisis, podemos superar las limitaciones del pensamiento lineal y desarrollar una comprensión más profunda y matizada de las tendencias, lo que nos permite tomar decisiones más informadas y prepararnos mejor para el futuro.

Aplicación en la Interpretación de Datos

La correcta interpretación de datos, especialmente en el contexto de desafiar el Instinto de Línea Recta, es crucial para una comprensión precisa de las tendencias y para la toma de decisiones informadas. Aquí están algunas claves para la aplicación efectiva de los métodos de análisis en la interpretación de datos:

1. **Contextualización:** Es esencial colocar los datos dentro de un contexto más amplio. Esto significa considerar factores externos como cambios económicos, políticos, sociales o ambientales que podrían influir en los datos.

2. **Identificación de Patrones y Anomalías:** Busca patrones recurrentes en los datos, pero también presta atención a las anomalías. Estas pueden ser indicadores de cambios emergentes o puntos de inflexión.

3. **Uso de Múltiples Fuentes de Datos:** No confíes en una sola fuente de datos. Combinar datos de múltiples fuentes aumenta la fiabilidad y la profundidad de tus análisis.

4. **Evaluación Crítica de la Calidad de los Datos:** No todos los datos son igualmente confiables. Evalúa críticamente la calidad, la metodología detrás de la recopilación de datos y las posibles sesgos.

5. **Aplicación de Técnicas Estadísticas Apropiadas:** Usa técnicas estadísticas apropiadas para el tipo de datos y la pregunta de investigación. Esto puede incluir análisis de varianza, pruebas de correlación, o modelos predictivos avanzados.

6. **Conciencia de las Limitaciones de los Datos:** Reconoce que todos los conjuntos de datos tienen limitaciones. Puede haber lagunas, inexactitudes o factores no medidos que pueden afectar la interpretación.

7. **Interpretación Iterativa y Adaptativa:** La interpretación de datos no es un proceso estático. A medida que surjan nuevos datos, revisa y adapta tus interpretaciones. Este enfoque iterativo asegura que tus conclusiones sigan siendo relevantes y precisas.

8. **Colaboración y Revisión por Pares:** Trabaja con otros, incluyendo expertos en el campo y colegas, para revisar y desafiar tus interpretaciones. La colaboración puede ayudar a identificar sesgos y proporcionar nuevas perspectivas.

9. **Visualización Efectiva de Datos:** Utiliza herramientas de visualización de datos para presentar la información de manera clara y comprensible. Las visualizaciones pueden revelar tendencias y patrones que podrían no ser evidentes en los datos brutos.

10. **Comunicación Clara de Hallazgos:** Al compartir tus conclusiones, sé claro acerca de tus métodos, la confiabilidad de tus datos y las limitaciones de tus análisis. Una comunicación transparente fomenta la confianza y el entendimiento.

Al aplicar estos principios en la interpretación de datos, podemos obtener una comprensión más matizada y precisa de las tendencias, lo que facilita decisiones mejor informadas y una planificación más efectiva para el futuro.

Estudios de Caso Relevantes

Los estudios de caso son ejemplos reales que ilustran cómo el enfoque en la no linealidad y el análisis cuidadoso de las tendencias pueden conducir a una mejor comprensión y toma de decisiones. Aquí presento algunos estudios de caso relevantes que destacan la importancia de desafiar el Instinto de Línea Recta:

1. **La Crisis Financiera Global de 2008:** Este evento es un ejemplo clásico de cómo la extrapolación de tendencias lineales puede ser engañosa. Antes de la crisis, muchos analistas asumieron que el crecimiento continuo del mercado inmobiliario y la estabilidad financiera eran tendencias permanentes. Sin embargo, un análisis más detallado y no lineal habría revelado la formación de una burbuja y el riesgo de colapso.

2. **La Pandemia de COVID-19:** La pandemia demostró cómo los eventos pueden desviarse drásticamente de las tendencias lineales esperadas. Las proyecciones iniciales no anticiparon la velocidad y el impacto global de la pandemia, destacando la necesidad de modelos más flexibles y adaptativos en la planificación de la salud pública.

3. **El Auge de la Tecnología Móvil:** El rápido crecimiento y adopción de los smartphones fue mucho más acelerado de lo que muchos pronosticaron. Las empresas que entendieron esta tendencia no lineal y se adaptaron rápidamente, como los desarrolladores de aplicaciones móviles, se beneficiaron enormemente.

4. **Transición Energética y Renovables:** La adopción de energías renovables ha seguido una trayectoria no lineal, con avances tecnológicos y cambios en las políticas que aceleraron su adopción más rápidamente de lo previsto. Las empresas y países que reconocieron y se adaptaron a esta tendencia no lineal han liderado la transición hacia fuentes de energía más sostenibles.

5. **El Declive de la Industria del Carbón:** Muchas regiones que dependían de la industria del carbón no anticiparon o se adaptaron a la rápida disminución de la demanda. Un análisis de tendencias más flexible podría haber identificado los cambios emergentes en la energía y las políticas ambientales, permitiendo una transición más suave a industrias alternativas.

6. **Innovaciones en la Asistencia Sanitaria:** El desarrollo y adopción de nuevas tecnologías médicas, como la telemedicina y la edición genética, han seguido trayectorias no lineales, desafiando las expectativas y transformando rápidamente la asistencia sanitaria.

Estos estudios de caso demuestran la importancia de un enfoque analítico que tenga en cuenta la complejidad, la incertidumbre y la potencial no linealidad de las tendencias. Al reconocer que los cambios pueden ser abruptos y a menudo impredecibles, podemos estar mejor preparados para responder y adaptarnos a las dinámicas cambiantes en diversos campos.

CAPÍTULO 5: EL INSTINTO DE MIEDO

Orígenes y Razones del Miedo

El instinto de miedo es una de las respuestas más fundamentales y primitivas en los seres humanos. Evolutivamente, el miedo ha sido crucial para la supervivencia, alertándonos sobre peligros y preparando nuestro cuerpo para responder a amenazas. Sin embargo, en el mundo moderno, este instinto a menudo se activa en situaciones que no son verdaderamente amenazantes, lo que puede llevar a respuestas desproporcionadas y a la ansiedad crónica.

1. **Orígenes Evolutivos:** Biológicamente, el miedo está arraigado en el sistema límbico del cerebro, una parte antigua que gestiona las emociones y la supervivencia. Las respuestas de lucha o huida se activan ante una percepción de amenaza, preparando al cuerpo para reaccionar rápidamente.

2. **Razones Psicológicas:** El miedo también puede ser resultado de experiencias personales y aprendizaje. Traumas o malas experiencias pasadas pueden condicionar a una persona a sentir miedo en ciertas situaciones, incluso si la amenaza actual es baja o inexistente.

3. **Influencia Cultural y Social:** Los miedos también se ven influenciados por factores culturales y sociales. Las creencias, los medios de comunicación y las narrativas sociales pueden alimentar miedos colectivos, a menudo exagerando la prevalencia o severidad de ciertas amenazas.

4. **Desconocimiento y Incertidumbre:** A menudo, tememos lo que no entendemos. La incertidumbre o la falta de información sobre una situación pueden exacerbar el miedo, ya que nuestra mente tiende a imaginar el peor escenario posible.

5. **Amplificación Mediática:** En la era de la información, los medios de comunicación pueden amplificar el miedo, resaltando y a menudo exagerando las amenazas, lo que puede llevar a una percepción distorsionada del peligro real.

6. **Factores Personales:** Aspectos como la personalidad, la salud mental y el entorno de una persona también juegan un papel en cómo se experimenta y se manifiesta el miedo. Por ejemplo, personas con trastornos de ansiedad pueden tener una sensibilidad aumentada al miedo.

Al comprender los orígenes y las razones detrás del instinto de miedo, podemos comenzar a abordar nuestras respuestas de miedo de una manera más racional y equilibrada. Esto implica tanto el manejo de nuestras reacciones emocionales como el cuestionamiento crítico de las fuentes y la veracidad de nuestras percepciones de amenaza.

Diferenciación entre Miedo Racional e Irracional

Comprender la diferencia entre el miedo racional y el irracional es crucial para gestionar efectivamente nuestras respuestas de miedo. El miedo racional tiene una base en amenazas reales y tangibles, mientras que el miedo irracional surge de percepciones distorsionadas o exageradas de peligro. Aquí exploramos cómo distinguirlos:

1. **Miedo Racional: Basado en Realidades Concretas**

   - **Fundamento en Evidencia:** El miedo racional se basa en hechos objetivos y evidencia concreta. Por ejemplo, el miedo a sufrir un accidente al conducir en condiciones peligrosas es un miedo basado en la realidad de los riesgos implicados.

   - **Proporcionalidad:** Este tipo de miedo es proporcional a la amenaza. Su intensidad corresponde al nivel de peligro real presente en la situación.

- **Funcionalidad:** El miedo racional tiene una función adaptativa y protectora. Actúa como un mecanismo de alerta y preparación frente a amenazas genuinas.

2. **Miedo Irracional: Basado en Percepciones Distorsionadas**

   - **Desvinculado de la Realidad:** El miedo irracional a menudo no tiene una base sólida en hechos reales. Por ejemplo, un miedo extremo a ser atacado por tiburones al nadar en una piscina es irracional, ya que carece de fundamento en la realidad.

   - **Desproporcionado y Excesivo:** Este miedo es a menudo desproporcionado respecto al nivel de amenaza real. Puede ser abrumador y paralizante, incluso en situaciones de bajo riesgo.

   - **Influencia de Factores Externos:** A menudo está alimentado por factores como los medios de comunicación, mitos, malentendidos o experiencias pasadas traumáticas.

   - **Efectos Negativos:** El miedo irracional puede tener consecuencias negativas, limitando la capacidad de una persona para funcionar eficazmente. Puede llevar a la evitación excesiva y a conductas restrictivas.

Para gestionar estos miedos, es importante primero reconocer y categorizar nuestras respuestas de miedo como racionales o irracionales. En el caso del miedo racional, las estrategias pueden centrarse en la preparación y la prevención. Por otro lado, el miedo irracional requiere un enfoque más centrado en el manejo de pensamientos y percepciones, a menudo con la ayuda de técnicas psicológicas como la terapia cognitivo-conductual.

Desarrollar una comprensión clara de nuestros miedos nos permite abordarlos de manera más efectiva, reduciendo su impacto negativo en nuestras vidas y permitiéndonos responder de manera más adaptativa a las situaciones reales de peligro.

Técnicas de Manejo del Miedo

Manejar eficazmente el miedo, tanto racional como irracional, es esencial para mantener un bienestar emocional y una toma de decisiones efectiva. Aquí se presentan algunas técnicas fundamentales para gestionar el miedo:

1. **Reconocimiento y Aceptación:**

   - **Confrontar el Miedo:** En lugar de evitar o negar el miedo, reconócelo y acéptalo como una parte natural de la experiencia humana.

   - **Autoconciencia:** Reflexiona sobre las raíces de tus miedos. Comprender su origen puede ayudar a desarmar su poder.

2. **Técnicas de Respiración y Relajación:**

   - **Respiración Profunda:** Prácticas de respiración consciente pueden calmar la respuesta física del cuerpo al miedo.

   - **Relajación Muscular Progresiva:** Reduce la tensión física asociada con el miedo, relajando sistemáticamente diferentes grupos musculares.

3. **Exposición Gradual:**

   - **Enfrentar el Miedo en Pequeños Pasos:** Si el miedo es a algo específico (como alturas o espacios cerrados), exponerte gradualmente a la situación en un entorno controlado puede ayudar a reducir la respuesta de miedo.

4. **Terapia Cognitivo-Conductual (TCC):**

   - **Reestructuración de Pensamientos:** La TCC implica identificar y desafiar pensamientos y creencias irracionales que alimentan el miedo.

   - **Desarrollo de Estrategias de Afrontamiento:** Aprende y practica habilidades para manejar situaciones temidas de manera efectiva.

5. **Mindfulness y Meditación:**

   - **Conciencia Plena:** Practica estar presente y consciente, sin juzgar ni reaccionar excesivamente a pensamientos y sensaciones relacionados con el miedo.

   - **Meditación:** Las técnicas de meditación pueden ayudar a calmar la mente y a disminuir la ansiedad general.

6. **Actividad Física Regular:**

   - **Ejercicio:** El ejercicio regular puede reducir la ansiedad y mejorar tu capacidad para manejar el estrés.

7. **Diálogo y Apoyo Social:**

   - **Hablar sobre el Miedo:** Compartir tus miedos con amigos de confianza, familiares o un terapeuta puede proporcionar alivio y perspectivas alternativas.

   - **Buscar Apoyo:** Considera unirse a grupos de apoyo donde puedas compartir experiencias y estrategias con otros que enfrentan miedos similares.

8. **Desarrollo de un Pensamiento Positivo:**

   - **Enfoque en lo Positivo:** Cultiva una mentalidad positiva, centrada en las fortalezas y las oportunidades en lugar de las amenazas y los peligros.

9. **Técnicas de Visualización:**

   - **Imagina el Éxito:** Visualiza enfrentarte a tus miedos con éxito. Esto puede aumentar la confianza y disminuir la anticipación del miedo.

10. **Prácticas de Autocuidado:**

    - **Mantén un Estilo de Vida Saludable:** Una dieta equilibrada, sueño adecuado y tiempo para actividades placenteras pueden fortalecer tu resistencia general al estrés y al miedo.

Implementar estas técnicas puede no solo ayudar a manejar el miedo efectivamente sino también mejorar la calidad de vida general, aumentando la capacidad de enfrentar desafíos y tomar decisiones más racionales y basadas en la realidad.

El Miedo y la Toma de Decisiones

El miedo puede tener un impacto significativo en la toma de decisiones, afectando tanto la calidad como el proceso de nuestras elecciones. Comprender cómo el miedo influye en nuestras decisiones es crucial para desarrollar una toma de decisiones más equilibrada y efectiva.

1. **Decisiones Impulsivas y de Corto Plazo:**

   - **Reacciones Inmediatas:** Bajo el miedo, las personas tienden a tomar decisiones rápidas y reactivas, enfocadas en aliviar la sensación de miedo en el corto plazo en lugar de considerar las consecuencias a largo plazo.

   - **Evitación de Riesgos:** El miedo a menudo lleva a un comportamiento de evitación, donde se elige la opción más segura o cómoda, incluso si no es la más beneficiosa a largo plazo.

2. **Sesgo de Confirmación:**

   - **Buscar Confirmación:** Bajo el influjo del miedo, las personas pueden buscar información que confirme sus temores, ignorando datos que los contradigan.

   - **Visión Estrecha:** Este sesgo limita la capacidad de ver la situación de manera objetiva y de considerar todas las opciones disponibles.

3. **Efecto en la Percepción de Riesgos:**

- **Sobrestimación del Peligro:** El miedo puede llevar a sobrestimar la probabilidad o la gravedad de los resultados negativos, distorsionando la percepción real del riesgo.

- **Desestimación de Oportunidades:** En consecuencia, las personas pueden perder oportunidades valiosas por temor a posibles riesgos, a menudo exagerados por su percepción.

4. **Parálisis por Análisis:**

- **Incapacidad para Decidir:** El miedo intenso puede llevar a una parálisis en la toma de decisiones, donde el temor a tomar la decisión equivocada impide tomar cualquier decisión en absoluto.

5. **Influencia en el Juicio y la Racionalidad:**

- **Emociones sobre Lógica:** El miedo puede nublar el juicio racional, llevando a decisiones basadas más en emociones que en un análisis lógico y factual.

6. **Impacto en la Tolerancia al Riesgo:**

- **Aversión al Cambio:** El miedo puede reducir la tolerancia al riesgo, haciendo que las personas sean más reacias a cambios y a explorar nuevas opciones.

Para contrarrestar la influencia del miedo en la toma de decisiones, es importante:

- **Tomarse Tiempo para Reflexionar:** No tomar decisiones importantes bajo un estado emocional elevado.

- **Buscar Perspectivas Diversas:** Consultar con otros para obtener diferentes puntos de vista y evitar la toma de decisiones en un vacío.

- **Analizar Objetivamente:** Evaluar los riesgos y beneficios de manera equilibrada, considerando tanto los datos como los posibles sesgos emocionales.

- **Practicar la Conciencia Plena:** Ser consciente de cómo las emociones, incluido el miedo, están influyendo en tu proceso de toma de decisiones.

Al abordar el impacto del miedo en nuestras decisiones, podemos aspirar a un proceso de toma de decisiones más informado, racional y equilibrado, que considera tanto los riesgos reales como las oportunidades.

Transformando el Miedo en Precaución Útil

El miedo, aunque a menudo visto negativamente, puede transformarse en una precaución útil que nos sirve de guía en la toma de decisiones y en la gestión de riesgos. Esta transformación implica reorientar la energía y la atención que el miedo demanda hacia una evaluación y respuesta más equilibrada y constructiva. Aquí exploramos cómo lograrlo:

1. **Análisis Racional de Amenazas:**

    - **Evaluación Objetiva:** Identifica la fuente de tu miedo y evalúa objetivamente si representa una amenaza real. Esto implica investigar hechos, datos y estadísticas relacionados con el miedo.

- **Distinción entre Miedo e Riesgo Real:** Diferencia entre un miedo irracional y un riesgo genuino. Un riesgo real requiere precaución y planificación, mientras que un miedo irracional necesita ser abordado psicológicamente.

2. **Planificación y Preparación:**

   - **Desarrollo de Planes de Contingencia:** Para los riesgos reales, desarrolla planes de acción y estrategias de contingencia. Esto puede incluir medidas preventivas y planes de respuesta en caso de que el riesgo se materialice.

   - **Capacitación y Conocimiento:** Infórmate y capacítate en áreas relacionadas con el riesgo. El conocimiento es una herramienta poderosa para transformar el miedo en precaución.

3. **Fortalecimiento de la Resiliencia:**

   - **Desarrollo de Habilidades de Afrontamiento:** Aprende y practica habilidades de afrontamiento para gestionar el estrés y la ansiedad asociados con el miedo.

   - **Fomento de la Flexibilidad Mental:** Cultiva la capacidad de adaptarte a situaciones cambiantes y a enfrentar desafíos inesperados.

4. **Uso de Técnicas de Mindfulness y Conciencia Plena:**

   - **Enfoque en el Presente:** Practica estar en el momento presente, evitando la preocupación excesiva por eventos futuros que pueden o no ocurrir.

- **Gestión de Pensamientos Negativos:** Aprende a reconocer y gestionar pensamientos negativos o catastróficos que amplifican el miedo.

5. **Consulta con Expertos:**

   - **Búsqueda de Consejo Profesional:** En casos de miedos intensos o paralizantes, busca la ayuda de profesionales como psicólogos o consejeros.

6. **Construcción de Redes de Apoyo:**

   - **Apoyo Social:** Comparte tus preocupaciones con amigos, familiares o grupos de apoyo. A menudo, hablar sobre tus miedos puede proporcionar una nueva perspectiva y aliviar la carga emocional.

7. **Adopción de un Enfoque Proactivo:**

   - **Acción en Lugar de Evitación:** En lugar de evitar situaciones que despiertan miedo, enfréntalas de manera proactiva con precauciones y preparación adecuadas.

8. **Evaluación y Ajuste Constantes:**

   - **Revisión Regular:** Evalúa regularmente tus miedos y la efectividad de tus estrategias de manejo. Esté abierto a ajustar tu enfoque según sea necesario.

Al transformar el miedo en precaución útil, no solo reducimos la ansiedad y el estrés asociados con el miedo irracional, sino que también nos equipamos mejor para manejar los riesgos reales de manera efectiva, lo que conduce a una vida más tranquila y empoderada.

CAPÍTULO 6: PERSPECTIVA DEL INSTINTO DE TAMAÑO

Entendiendo la Importancia del Contexto

El "Instinto de Tamaño" se refiere a nuestra tendencia a sobreestimar o subestimar la importancia de algo basándonos en su tamaño aparente o en su prevalencia en nuestra percepción. Este instinto puede llevarnos a conclusiones erróneas si no consideramos el contexto más amplio. Entender la importancia del contexto es clave para evaluar correctamente la significancia de los datos, eventos o problemas.

1. **Relatividad y Comparación:**

   - **Comparaciones Relevantes:** Al evaluar cifras o estadísticas, es crucial compararlas con conjuntos de datos relevantes. Por ejemplo, el tamaño de la economía de un país es más significativo cuando se compara con el de otros países o con su propio historial económico.

   - **Proporción y Escala:** Considera las cifras en relación con su escala total. Por ejemplo, grandes números en términos absolutos pueden ser menos impactantes en un contexto más amplio, como una población grande o un largo período de tiempo.

2. **Consideración del Contexto Histórico y Geográfico:**

   - **Tendencias Históricas:** Comprender el contexto histórico de un problema o fenómeno puede ofrecer una perspectiva más profunda sobre su importancia actual.

- **Diferencias Geográficas y Culturales:** Lo que es significativo en una región o cultura puede no serlo en otra. Las comparaciones deben tener en cuenta estas diferencias.

3. **Análisis de Causa y Efecto:**

    - **Identificar Factores Subyacentes:** Busca las causas subyacentes detrás de las cifras grandes o pequeñas. A menudo, los números son síntomas de tendencias o problemas más complejos.

    - **Interconexiones:** Reconoce cómo diferentes factores se influyen mutuamente, lo que puede afectar la interpretación de los datos.

4. **Evitando la Exageración y la Minimización:**

    - **Balance en la Interpretación:** Evita exagerar o minimizar la importancia de los datos. Mantén un enfoque equilibrado que considere múltiples aspectos de una situación.

5. **Uso de Visualizaciones de Datos Adecuadas:**

    - **Representaciones Gráficas:** Utiliza gráficos y visualizaciones que representen adecuadamente los datos en su contexto. Evita gráficos engañosos que puedan distorsionar la percepción del tamaño o la importancia.

6. **Conciencia de los Sesgos Personales:**

    - **Reconocimiento de Prejuicios:** Ten en cuenta tus propios prejuicios y cómo podrían influir en tu interpretación de la importancia de algo.

7. **Consulta con Expertos:**

- **Asesoramiento Profesional:** En áreas fuera de tu experiencia, busca la opinión de expertos para entender mejor el contexto y la relevancia de los datos.

Al comprender la importancia del contexto, podemos evitar la trampa del Instinto de Tamaño, lo que nos permite interpretar los datos y las situaciones de manera más precisa y matizada. Este enfoque nos ayuda a tomar decisiones más informadas y a desarrollar una comprensión más profunda de los problemas complejos.

Errores Comunes en la Percepción del Tamaño

El Instinto de Tamaño a menudo conduce a errores en nuestra percepción, afectando cómo interpretamos y reaccionamos ante la información. Estos errores pueden distorsionar nuestra comprensión de los problemas y afectar nuestras decisiones. Identificar y comprender estos errores comunes es crucial para desarrollar una perspectiva más precisa y equilibrada.

1. **Sobreestimación de Casos Aislados:**

- **Anécdotas sobre Datos:** Las experiencias personales o los casos aislados a menudo se sobreestiman en su significancia, llevándonos a generalizaciones incorrectas. Por ejemplo, un evento trágico y aislado puede llevarnos a creer erróneamente que es una tendencia común.

2. **Ignorar la Ley de los Grandes Números:**

   - **Errores en Grandes Poblaciones:** En grandes poblaciones, incluso eventos raros pueden ocurrir con frecuencia. Subestimar este principio puede llevar a malinterpretaciones, como creer que una enfermedad es más común de lo que realmente es debido a su frecuente cobertura mediática.

3. **Falacia de la Perspectiva:**

   - **Contexto Ignorado:** La falta de contexto puede hacer que los números grandes parezcan más significativos de lo que son. Sin compararlos con datos relevantes, podemos darles un peso indebido en nuestra interpretación.

4. **Sesgo de Disponibilidad:**

   - **Impacto de la Recurrencia en los Medios:** La frecuencia con la que un tema aparece en los medios puede influir en nuestra percepción de su tamaño o importancia. Esto puede llevar a una sobrestimación de la prevalencia de ciertos problemas o riesgos.

5. **Sesgo de Negatividad en la Percepción del Riesgo:**

   - **Enfoque en lo Negativo:** Tendemos a enfocarnos y sobredimensionar los riesgos o aspectos negativos, lo que puede llevar a una percepción exagerada de peligro o amenaza.

6. **Desconocimiento de la Escala Relativa:**

- **Falta de Comparación:** No comparar números con escalas o métricas relevantes puede conducir a conclusiones erróneas. Por ejemplo, considerar grandes cifras de inversión sin compararlas con el tamaño total de la economía puede llevar a una interpretación errónea de su impacto.

7. **Confusión entre Correlación y Causalidad:**

- **Interpretación Errónea de Datos:** Asumir que una gran correlación implica causalidad puede ser engañoso. Es crucial analizar si los grandes números realmente indican una relación causal o si son coincidencias.

Al ser conscientes de estos errores y aplicar un pensamiento crítico y contextual en nuestra interpretación de los datos, podemos evitar las trampas del Instinto de Tamaño. Esto nos permite una comprensión más matizada y precisa de la información, lo que es fundamental para la toma de decisiones informadas y efectivas.

Herramientas para Evaluar Proporciones Adecuadamente

Para contrarrestar el Instinto de Tamaño y evaluar proporciones de manera efectiva, es crucial utilizar herramientas y técnicas que nos ayuden a poner los datos en una perspectiva correcta. Estas herramientas pueden mejorar nuestra capacidad para interpretar la información y tomar decisiones basadas en una comprensión más precisa de los datos.

1. **Uso de Estadísticas Comparativas:**

   - **Comparaciones Relevantes:** Al evaluar cifras, compáralas con datos similares para obtener una perspectiva más precisa. Por ejemplo, compara tasas de enfermedades en diferentes regiones o períodos para entender su verdadera prevalencia o importancia.

2. **Análisis de Porcentaje y Tasa de Cambio:**

   - **Proporciones en Lugar de Números Absolutos:** Utiliza porcentajes para entender mejor la escala relativa de las cifras. Un cambio de 1,000 a 2,000 es significativo en un pequeño pueblo, pero insignificante en una gran ciudad.

3. **Visualización de Datos:**

   - **Gráficos y Diagramas:** Utiliza gráficos, como diagramas de barras, gráficos de líneas o mapas de calor, para visualizar proporciones y tendencias. Las visualizaciones pueden revelar patrones y relaciones no evidentes en los datos brutos.

4. **Normalización de Datos:**

   - **Ajuste por Tamaño de Población y Otros Factores:** Al comparar datos entre diferentes grupos o regiones, ajusta las cifras por tamaño de población o factores relevantes (como PIB o edad) para hacer comparaciones más significativas.

5. **Modelos Matemáticos y Estadísticos:**

   - **Modelización y Predicción:** Utiliza modelos matemáticos para analizar relaciones entre variables y predecir tendencias futuras, teniendo en cuenta factores contextuales.

6. **Evaluación de la Magnitud y la Escala:**

   - **Contextualizar con Ejemplos Cotidianos:** Para dar sentido a grandes números, compáralos con cosas que son más familiares o comprensibles. Por ejemplo, compara distancias astronómicas con distancias en la Tierra para hacerlas más relatables.

7. **Análisis de Sensibilidad:**

   - **Pruebas de Escenarios Diferentes:** Examina cómo los cambios en una o más variables afectan los resultados para entender mejor la importancia relativa de diferentes factores.

8. **Educación y Capacitación en Alfabetización de Datos:**

   - **Desarrollar Habilidades en Interpretación de Datos:** Fomenta la educación en alfabetización de datos para mejorar la capacidad general de interpretar y comprender estadísticas y gráficos.

9. **Consultas con Expertos:**

   - **Asesoramiento Profesional:** En situaciones complejas, consulta con expertos en el campo para obtener una perspectiva más profunda y precisa de los datos.

10. **Reflexión Crítica:**

- **Evaluación Constante de Nuestras Interpretaciones:** Mantén un enfoque crítico y abierto al revisar datos y estadísticas, cuestionando tus suposiciones y prejuicios.

Al incorporar estas herramientas en nuestra evaluación de datos, podemos desarrollar una comprensión más equilibrada y precisa de las proporciones y evitar las trampas de percepción que a menudo acompañan al Instinto de Tamaño. Esto nos permite tomar decisiones más informadas y basadas en una comprensión realista de los datos.

Ejemplos de Malinterpretaciones y Correcciones Relacionadas con el Instinto de Tamaño

El Instinto de Tamaño a menudo lleva a malinterpretaciones de datos y estadísticas. Identificar estos errores y saber cómo corregirlos es crucial para una comprensión precisa de la información. A continuación, se presentan ejemplos comunes de estas malinterpretaciones y las correcciones adecuadas.

1. **Malinterpretación de Grandes Números en Salud Pública:**

- **Error:** Interpretar un alto número de casos de una enfermedad en un país grande como una señal de alto riesgo individual.

- **Corrección:** Ajustar las cifras por tamaño de población para obtener una tasa de incidencia que proporcione una mejor medida del riesgo personal.

2. **Errores en la Interpretación de Datos Económicos:**

- **Error:** Comparar cifras absolutas de PIB entre países sin considerar diferencias en tamaño de población o poder adquisitivo.

- **Corrección:** Utilizar medidas como el PIB per cápita o el PIB ajustado por paridad de poder adquisitivo para comparaciones más significativas.

3. **Malentendidos en Estadísticas de Criminalidad:**

- **Error:** Percibir un aumento en el número de crímenes reportados como un aumento en la tasa de criminalidad.

- **Corrección:** Examinar las tasas de criminalidad en relación con la población total y considerar otros factores como cambios en la legislación o en las prácticas de reporte.

4. **Desinformación en Medios de Comunicación:**

- **Error:** Dejar que la frecuencia de cobertura de ciertos eventos (como ataques terroristas) influya en nuestra percepción de su prevalencia.

- **Corrección:** Buscar datos objetivos sobre la frecuencia de estos eventos y compararlos con otros riesgos para obtener una perspectiva más equilibrada.

5. **Interpretaciones Erróneas en Investigación Científica:**

- **Error:** Concluir que un ligero aumento en el resultado de un estudio indica un cambio significativo.

- **Corrección:** Considerar la significancia estadística, el tamaño de la muestra y la variabilidad para determinar si el cambio es realmente significativo.

6. **Confusión en Estadísticas Ambientales:**

- **Error:** Suponer que un pequeño porcentaje de contaminación por parte de un país implica un impacto ambiental insignificante.

- **Corrección:** Considerar el impacto total en términos absolutos y su contribución relativa al problema global.

7. **Errores en la Interpretación de Encuestas y Sondeos:**

- **Error:** Dar demasiada importancia a las encuestas sin considerar el margen de error o el contexto de las preguntas.

- **Corrección:** Analizar los resultados de las encuestas en el contexto del margen de error, la metodología y la formulación de las preguntas.

Al corregir estas malinterpretaciones comunes, podemos evitar las trampas del Instinto de Tamaño y lograr una comprensión más matizada y precisa de los datos y estadísticas. Esto nos permite tomar decisiones basadas en una evaluación realista y contextualizada de la información.

Aplicación Práctica en Análisis de Datos

La aplicación práctica de los principios para contrarrestar el Instinto de Tamaño en el análisis de datos es esencial para una interpretación precisa y una toma de decisiones efectiva. Aquí examinamos cómo aplicar estos principios en diversos contextos de análisis de datos.

1. **Análisis de Datos en Investigaciones de Salud Pública:**

   - **Consideración del Contexto Demográfico:** Ajustar las cifras de incidencia de enfermedades por tamaño de población y otros factores demográficos para una interpretación correcta de los riesgos para la salud pública.

   - **Comparación con Tendencias Históricas:** Evaluar las tendencias actuales en el contexto de datos históricos para identificar cambios significativos en la salud pública.

2. **Evaluación de Datos Económicos:**

   - **Uso de Métricas Normalizadas:** Aplicar indicadores como el PIB per cápita o el crecimiento económico relativo para comparaciones más significativas entre diferentes regiones o períodos.

   - **Análisis de Distribución de Riqueza:** Considerar la distribución del ingreso y la riqueza para evaluar la salud económica y la equidad en una sociedad.

3. **Interpretación de Estadísticas de Criminalidad:**

   - **Análisis de Tasa de Crímenes:** Usar tasas de criminalidad por 100,000 habitantes en lugar de números absolutos para obtener una perspectiva más precisa de la seguridad en una región.

   - **Consideración de Factores Socioeconómicos:** Incorporar análisis de factores sociales y económicos que puedan influir en las tasas de criminalidad.

4. **En el Contexto de Medios de Comunicación:**

   - **Evaluación Crítica de la Cobertura Noticiosa:** Ser crítico con la representación de eventos en los medios, buscando datos objetivos para contrastar la cobertura mediática.

   - **Diversificación de Fuentes:** Consultar múltiples fuentes de noticias para obtener una visión más equilibrada de los eventos actuales.

5. **Investigación Científica y Tecnológica:**

   - **Interpretación de Resultados Experimentales:** Analizar resultados en el contexto del diseño experimental, la significancia estadística y la relevancia práctica.

   - **Evaluación de Innovaciones Tecnológicas:** Considerar el impacto potencial de nuevas tecnologías en el contexto de tendencias actuales y necesidades futuras.

6. **Análisis en Políticas Ambientales:**

- **Evaluación de Impacto Ambiental:** Considerar tanto las cifras absolutas como las relativas al evaluar el impacto de políticas y prácticas ambientales.

- **Modelización de Escenarios Futuros:** Utilizar modelos para predecir el impacto a largo plazo de las acciones actuales sobre el medio ambiente.

7. **Interpretación de Encuestas y Sondeos de Opinión:**

- **Consideración de Margen de Error y Población de Muestra:** Tomar en cuenta el margen de error y la representatividad de las muestras en las encuestas para interpretar correctamente los resultados.

Aplicando estos principios en el análisis de datos, podemos lograr una comprensión más profunda y precisa, evitando las distorsiones provocadas por el Instinto de Tamaño. Esto conduce a una mejor evaluación de la información y a decisiones más informadas en una variedad de campos.

CAPÍTULO 7: MÁS ALLÁ DEL INSTINTO DE GENERALIZACIÓN

Identificación del Instinto de Generalización

El Instinto de Generalización se refiere a nuestra tendencia a simplificar la complejidad y a categorizar personas, ideas o eventos en grupos amplios y a menudo estereotipados. Aunque este instinto puede ayudarnos a procesar rápidamente la información en un mundo complejo, también conlleva el riesgo de interpretaciones erróneas y juicios simplistas. Identificar este instinto es el primer paso para superarlo y promover un entendimiento más matizado de nuestro entorno.

1. **Reconocimiento de Patrones y Categorización:**

   - **Naturaleza Humana:** La generalización surge de nuestra capacidad innata de reconocer patrones y categorizar, un mecanismo fundamental para la supervivencia y el aprendizaje.

   - **Simplificación Excesiva:** Sin embargo, esta tendencia puede llevarnos a simplificar en exceso la realidad, pasando por alto la diversidad y la complejidad dentro de los grupos o categorías.

2. **Sesgos y Estereotipos:**

   - **Prejuicios Implícitos:** Las generalizaciones a menudo se basan en prejuicios y estereotipos. Estos pueden ser implícitos y no reconocidos conscientemente, pero influir significativamente en nuestras percepciones y decisiones.

- **Influencia Cultural y Medios de Comunicación:** Los medios de comunicación y la cultura popular pueden reforzar estereotipos, perpetuando generalizaciones inexactas o dañinas.

3. **Impacto en la Toma de Decisiones:**

   - **Decisiones Basadas en Generalizaciones:** Las generalizaciones pueden llevar a decisiones que no tienen en cuenta las particularidades de individuos o situaciones, resultando en respuestas inadecuadas o injustas.

4. **Efectos en las Relaciones Interpersonales y Sociales:**

   - **Interacciones Sociales:** En las relaciones interpersonales, las generalizaciones pueden conducir a malentendidos y conflictos, especialmente cuando se basan en suposiciones sobre grupos culturales, étnicos o de género.

   - **Dinámicas de Grupo:** En un contexto social más amplio, las generalizaciones pueden alimentar la división y el prejuicio, obstaculizando la cooperación y el entendimiento mutuo.

5. **Identificación y Conciencia:**

   - **Autoevaluación:** Identificar nuestras propias tendencias a generalizar requiere introspección y honestidad. Esto implica cuestionar nuestras suposiciones y estar abiertos a aprender y adaptar nuestras perspectivas.

- **Educación y Exposición:** Educar a nosotros mismos sobre la diversidad y buscar experiencias que amplíen nuestra comprensión de diferentes personas y culturas pueden ayudar a superar las generalizaciones simplistas.

Al identificar y cuestionar el Instinto de Generalización, podemos esforzarnos por adoptar un enfoque más equilibrado y matizado en nuestro entendimiento del mundo, lo que nos permite apreciar la rica diversidad y complejidad de la vida y de las relaciones humanas.

Riesgos de Generalizar Excesivamente

Generalizar excesivamente, aunque a menudo una tendencia natural humana para simplificar la complejidad del mundo, conlleva riesgos significativos. Estos riesgos pueden afectar negativamente nuestra comprensión, nuestras relaciones y nuestras decisiones. Reconocer y abordar los riesgos de la generalización excesiva es esencial para promover una visión más precisa y empática del mundo.

1. **Creación de Estereotipos y Prejuicios:**

   - **Etiquetado Injusto:** Las generalizaciones excesivas pueden llevar a la formación de estereotipos, etiquetando injustamente a grupos enteros basándose en las características de unos pocos.

   - **Alimentación de Prejuicios:** Estos estereotipos pueden reforzar prejuicios existentes, lo que lleva a discriminación y trato injusto.

2. **Impacto en las Decisiones y Políticas:**

- **Decisiones Basadas en Información Incompleta:** Las decisiones tomadas sobre la base de generalizaciones pueden no considerar todos los aspectos relevantes de una situación, llevando a conclusiones erróneas.

- **Políticas Ineficaces o Dañinas:** En el ámbito político y social, las generalizaciones pueden conducir a políticas que no abordan adecuadamente la diversidad y complejidad de las necesidades de la población.

3. **Deterioro de las Relaciones Interpersonales:**

- **Conflictos y Malentendidos:** Las generalizaciones en las relaciones personales pueden llevar a conflictos y malentendidos, erosionando la confianza y el respeto mutuo.

- **Barreras para la Empatía:** Generalizar a las personas impide verlas como individuos únicos, lo que limita nuestra capacidad de empatizar y conectar con ellas.

4. **Obstáculos para el Aprendizaje y el Crecimiento:**

- **Visión Limitada del Mundo:** Las generalizaciones excesivas pueden cerrar nuestra mente a nuevas informaciones y perspectivas, limitando nuestro crecimiento personal y nuestro entendimiento del mundo.

- **Resistencia al Cambio:** Pueden crear una resistencia a revisar nuestras creencias y suposiciones, incluso cuando se presentan datos o experiencias contradictorias.

5. **Impedimentos para la Cooperación y la Cohesión Social:**

- **Divisiones Sociales:** Las generalizaciones pueden alimentar la división y el antagonismo entre diferentes grupos sociales, culturales o políticos.

- **Falta de Soluciones Inclusivas:** En el trabajo en equipo o en proyectos comunitarios, las generalizaciones pueden obstaculizar la creación de soluciones que consideren y respeten la diversidad de opiniones y experiencias.

Al ser conscientes de estos riesgos y trabajar activamente para cuestionar y superar nuestras tendencias a generalizar, podemos fomentar un enfoque más inclusivo y matizado en nuestras interacciones, políticas y decisiones. Esto conduce a una mayor comprensión, respeto y colaboración entre las personas y en la sociedad en su conjunto.

Formas de Fomentar el Pensamiento Crítico

Fomentar el pensamiento crítico es esencial para superar el Instinto de Generalización y para desarrollar una comprensión más matizada del mundo. El pensamiento crítico nos permite evaluar información y argumentos de manera objetiva, identificar prejuicios y falacias, y tomar decisiones basadas en un análisis cuidadoso. Aquí se presentan algunas estrategias clave para desarrollar esta habilidad crucial:

1. **Cuestionamiento Activo:**

- **Interrogar Supuestos:** Desafía regularmente tus suposiciones y las de otros. Pregunta "¿Por qué?" y "¿Qué evidencia hay?" para profundizar en el entendimiento.

- **Explorar Perspectivas Alternativas:** Considera activamente otros puntos de vista y explora las razones detrás de estas diferentes opiniones.

2. **Análisis Lógico y Evidencia:**

- **Evaluación Basada en Evidencia:** Basa tus juicios en datos y evidencia en lugar de en emociones o prejuicios personales.

- **Identificación de Falacias Lógicas:** Aprende a reconocer falacias lógicas comunes en argumentos, como ataques personales o generalizaciones excesivas.

3. **Pensamiento Reflexivo:**

- **Autoevaluación:** Reflexiona regularmente sobre tus procesos de pensamiento y decisiones. Identifica momentos en los que tus prejuicios o emociones hayan influido en tu juicio.

- **Diario de Reflexiones:** Llevar un diario de tus pensamientos y decisiones puede ayudar a identificar patrones y áreas para mejorar.

4. **Educación Continua y Curiosidad:**

- **Aprendizaje Permanente:** Mantén una actitud de aprendizaje y curiosidad a lo largo de la vida. Busca activamente nuevas informaciones y conocimientos.

- **Lectura Amplia:** Lee sobre una variedad de temas y desde diferentes perspectivas para ampliar tu comprensión y evitar el aislamiento en una sola visión del mundo.

5. **Discusión y Debate:**

- **Participación en Discusiones Constructivas:** Engánchate en debates y discusiones donde puedas presentar y defender tus ideas, pero también escuchar y considerar las de otros.

- **Ambientes de Aprendizaje Colaborativo:** Participa o crea grupos de estudio o comunidades de aprendizaje donde el pensamiento crítico sea fomentado y valorado.

6. **Capacitación en Pensamiento Crítico:**

- **Cursos y Talleres:** Considera tomar cursos o talleres específicos en pensamiento crítico.

- **Ejercicios de Pensamiento Crítico:** Practica ejercicios diseñados para mejorar el razonamiento lógico, como resolver problemas complejos o analizar argumentos.

7. **Uso de Tecnología y Recursos en Línea:**

- **Herramientas Educativas Digitales:** Utiliza recursos en línea y aplicaciones educativas que promueven el pensamiento crítico y la resolución de problemas.

Al integrar estas prácticas en nuestra vida diaria, podemos mejorar significativamente nuestra capacidad para pensar de manera crítica, lo que nos permite tomar decisiones más informadas y desarrollar una comprensión más profunda y matizada de las complejidades del mundo.

Ejercicios para Promover la Apertura Mental

La apertura mental es fundamental para superar el Instinto de Generalización y para fomentar el pensamiento crítico. Se trata de estar dispuesto a considerar nuevas ideas, opiniones y perspectivas, incluso si desafían nuestras creencias actuales. A continuación, se presentan ejercicios prácticos que pueden ayudar a promover la apertura mental:

1. **Exposición a Nuevas Experiencias:**

   - **Explorar Nuevas Culturas y Lugares:** Viaja o participa en actividades culturales que te expongan a diferentes formas de vida y perspectivas.

   - **Probar Nuevas Actividades:** Participa en hobbies o intereses fuera de tu zona de confort para expandir tus experiencias y conocimientos.

2. **Interacciones Diversas:**

   - **Conversaciones con Personas de Diversos Orígenes:** Busca oportunidades para dialogar con personas de diferentes edades, culturas, profesiones y creencias.

   - **Participación en Grupos Diversos:** Únete a clubes, organizaciones o comunidades en línea que reúnan a una variedad de personas.

3. **Educación y Autoaprendizaje:**

   - **Lectura Amplia:** Lee libros, artículos y ensayos de una variedad de géneros, autores y perspectivas.

   - **Cursos en Temas Desconocidos:** Inscríbete en cursos sobre temas fuera de tu área de especialización o interés habitual.

4. **Práctica de la Empatía:**

   - **Ejercicios de Ponerse en el Lugar del Otro:** Intenta entender cómo y por qué otras personas pueden ver las cosas de manera diferente.

   - **Diálogos Empáticos:** Practica escuchar activamente en conversaciones, esforzándote por comprender genuinamente el punto de vista del otro.

5. **Reflexión y Autoevaluación:**

   - **Diario de Reflexión:** Escribe regularmente sobre tus experiencias, pensamientos y sentimientos, especialmente aquellos que te desafían.

   - **Evaluación de Prejuicios y Creencias:** Reflexiona críticamente sobre tus propias creencias y prejuicios, y considera de dónde provienen.

6. **Mindfulness y Conciencia Plena:**

   - **Prácticas de Mindfulness:** Dedica tiempo a la meditación o a ejercicios de mindfulness que fomenten la conciencia y la aceptación del momento presente.

   - **Ejercicios de Atención Plena:** Practica estar plenamente presente en diversas situaciones, observando sin juzgar.

7. **Desafío de Perspectivas Propias:**

   - **Explorar Argumentos Contrarios:** Investiga y reflexiona sobre puntos de vista que se oponen a tus creencias.

- **Debate Constructivo:** Engánchate en debates amistosos que te desafíen a defender tus ideas y a considerar las contrarias.

8. **Aprendizaje Colaborativo:**

- **Proyectos Grupales Diversos:** Trabaja en proyectos con personas que tengan diferentes habilidades y perspectivas.

- **Discusiones de Grupo:** Participa en discusiones grupales sobre temas variados, apreciando la riqueza de las diferentes opiniones.

Al incorporar estos ejercicios en nuestra rutina, podemos incrementar nuestra apertura mental, lo que nos permite abrazar la complejidad y diversidad del mundo, mejorar nuestras relaciones interpersonales y tomar decisiones más informadas y equitativas.

Casos de Estudio y Análisis

Los casos de estudio son herramientas valiosas para entender cómo la apertura mental y el pensamiento crítico pueden influir positivamente en diversas situaciones. Al analizar casos reales, podemos aprender cómo superar el Instinto de Generalización y aplicar estas lecciones en nuestra vida diaria y profesional. A continuación, se presentan varios casos de estudio que destacan la importancia de la apertura mental y el pensamiento crítico.

1. **Caso de Estudio en Política Pública:**

- **Desafío:** Una política pública basada en estereotipos generales sobre una comunidad.

- **Análisis:** Explorar cómo la implementación de la política afectó a diferentes subgrupos dentro de la comunidad y cómo la participación de representantes de esos subgrupos podría haber llevado a una política más efectiva y equitativa.

- **Lección:** La importancia de incluir voces diversas en la formulación de políticas para garantizar que las necesidades de todos los grupos sean consideradas.

2. **Estudio de Innovación en el Sector Tecnológico:**

   - **Desafío:** Una empresa tecnológica enfrenta un estancamiento en la innovación.

   - **Análisis:** Investigar cómo la diversificación del equipo, incluyendo personas con diferentes antecedentes y habilidades, condujo a nuevas ideas y soluciones innovadoras.

   - **Lección:** La diversidad de pensamiento y experiencia enriquece el proceso de innovación, llevando a avances más creativos y efectivos.

3. **Caso de Gestión de Recursos Humanos:**

   - **Desafío:** Un enfoque de contratación que favorece a candidatos de ciertos grupos demográficos o educativos.

   - **Análisis:** Evaluar cómo la ampliación de los criterios de contratación para incluir una gama más diversa de talentos impactó positivamente en el rendimiento y la cultura de la empresa.

- **Lección:** Una estrategia de contratación más inclusiva puede mejorar la calidad del equipo, fomentar la innovación y crear un ambiente de trabajo más dinámico y productivo.

Estudio en Salud Pública sobre Patrones de Enfermedad:

- **Desafío:** Interpretaciones erróneas sobre la prevalencia de una enfermedad en una población específica.

- **Análisis:** Examinar cómo el análisis detallado de los datos desmintió suposiciones iniciales y condujo a un mejor entendimiento y tratamiento de la enfermedad.

- **Lección:** Evitar generalizaciones en la salud pública es crucial para el diagnóstico preciso y la implementación de tratamientos eficaces.

4. **Caso en Educación sobre Métodos de Enseñanza:**

- **Desafío:** Métodos de enseñanza que no logran involucrar a todos los estudiantes.

- **Análisis:** Explorar cómo la introducción de enfoques pedagógicos diversos y adaptativos mejoró el aprendizaje y la participación de los estudiantes.

- **Lección:** La adaptabilidad y la inclusión en la educación son clave para atender las necesidades de aprendizaje de una población estudiantil diversa.

Estos casos de estudio ilustran cómo la superación del Instinto de Generalización mediante la apertura mental y el pensamiento crítico puede conducir a resultados más efectivos y equitativos en una variedad de campos. Nos enseñan la importancia de valorar y considerar múltiples perspectivas para mejorar nuestra comprensión y nuestras acciones en un mundo complejo y diverso.

CAPÍTULO 8: RECONOCIENDO EL INSTINTO DE DESTINO

Definiendo el Instinto de Destino

El Instinto de Destino es la tendencia humana a creer que ciertos eventos, condiciones o destinos son inevitables debido a factores inherentes o históricos. Este instinto nos lleva a asumir que el futuro está predeterminado por el pasado y que los cambios fundamentales son imposibles o extremadamente difíciles. Reconocer y comprender este instinto es crucial para desafiarlo y abrazar la posibilidad de cambio y progreso.

1. **Naturaleza del Instinto de Destino:**

    - **Fatalismo:** La creencia en que los resultados futuros están predeterminados y que los esfuerzos para cambiarlos son inútiles.

    - **Influencia de la Historia:** La suposición de que porque algo ha sido de cierta manera en el pasado, continuará siendo así en el futuro.

2. **Impacto en la Percepción y Actitud:**

    - **Resistencia al Cambio:** Este instinto puede llevar a una actitud de resignación y a una resistencia a considerar nuevas posibilidades o enfoques.

    - **Impacto en la Toma de Decisiones:** Puede influir en decisiones personales, empresariales y políticas, limitando la exploración de alternativas innovadoras o cambios necesarios.

3. **Ejemplos Comunes:**

- **Desarrollo Económico y Social:** La creencia de que ciertos países o regiones están destinados a permanecer pobres o subdesarrollados debido a su historia o cultura.

- **Cambios en la Industria y la Tecnología:** La suposición de que ciertas industrias no cambiarán o que las nuevas tecnologías no serán adoptadas ampliamente debido a la inercia del pasado.

4. **Desafíos de Superación:**

- **Reconocimiento de la Capacidad de Cambio:** Entender que el cambio es posible y que el futuro no está fijado por el pasado.

- **Ejemplos de Cambio Exitoso:** Observar y aprender de casos donde se han producido cambios significativos y progresos, desafiando las expectativas basadas en el destino.

Al desafiar el Instinto de Destino, podemos abrirnos a la posibilidad de cambio y progreso, tanto en nuestra vida personal como en un contexto más amplio. Esto implica adoptar una actitud proactiva y esperanzada hacia el futuro, reconociendo que nuestras acciones pueden influir significativamente en el curso de los eventos y en la dirección de nuestras vidas y sociedades.

Cómo el Cambio es Posible y Necesario

Desafiar el Instinto de Destino es fundamental para reconocer que el cambio, lejos de ser una mera posibilidad, es a menudo necesario y siempre posible. Esta comprensión es crucial en un mundo en constante evolución, donde la adaptabilidad y la innovación son esenciales para el progreso. Veamos cómo y por qué el cambio es tanto posible como necesario:

1. **Evidencia Histórica de Cambio:**

    - **Lecciones del Pasado:** La historia está repleta de ejemplos de cambios significativos, desde revoluciones sociales y avances tecnológicos hasta cambios en las normas culturales. Estos ejemplos demuestran que, a pesar de las tendencias pasadas, los cambios radicales son posibles.

2. **Capacidad de Innovación Humana:**

    - **Potencial Creativo:** La historia de la humanidad está marcada por su capacidad para innovar y adaptarse. La continua evolución en ciencia, tecnología y pensamiento social subraya esta capacidad.

3. **Impacto de las Acciones Colectivas:**

    - **Movimientos Sociales y Cambio:** Los movimientos sociales, desde los derechos civiles hasta la acción ambiental, muestran cómo las acciones colectivas pueden desafiar el status quo y provocar cambios significativos.

4. **Relevancia en el Contexto Actual:**

   - **Desafíos Globales:** Enfrentamos desafíos globales, como el cambio climático y las desigualdades económicas, que requieren un cambio significativo en la forma en que operamos como sociedad global.

   - **Necesidad de Adaptación:** La rápida evolución tecnológica y los cambios demográficos hacen esencial la adaptabilidad y la apertura al cambio.

5. **Rol de la Educación y la Conciencia:**

   - **Promoción del Pensamiento Crítico:** La educación que fomenta el pensamiento crítico y la resolución de problemas puede equipar a las personas para desafiar las perspectivas obsoletas y abrazar el cambio.

   - **Conciencia de las Posibilidades:** Aumentar la conciencia sobre las posibilidades de cambio y los beneficios potenciales puede motivar a las personas y organizaciones a adoptar nuevas estrategias y enfoques.

6. **Importancia de la Flexibilidad y Apertura Mental:**

   - **Adaptabilidad Personal y Organizacional:** La flexibilidad y la apertura mental son cualidades clave que permiten a individuos y organizaciones adaptarse y prosperar en un entorno cambiante.

7. **Ejemplos de Transformación Personal:**

   - **Historias de Superación:** Las historias de individuos que han transformado radicalmente sus vidas, superando circunstancias adversas o logrando metas extraordinarias, sirven de inspiración y evidencia de que el cambio es posible.

Al comprender y aceptar que el cambio es posible y necesario, podemos liberarnos del fatalismo del Instinto de Destino y tomar medidas proactivas hacia un futuro mejor, tanto a nivel personal como colectivo. Esta mentalidad no solo es liberadora, sino también esencial para abordar los desafíos y aprovechar las oportunidades del mundo moderno.

Formas de Promover la Adaptabilidad

Promover la adaptabilidad es clave para superar el Instinto de Destino y abrazar el cambio como una constante en la vida y en la sociedad. La adaptabilidad no solo mejora nuestra capacidad para enfrentar nuevos desafíos, sino que también nos permite aprovechar oportunidades emergentes. A continuación, se exploran estrategias efectivas para fomentar la adaptabilidad tanto a nivel individual como organizacional.

1. **Cultivar una Mentalidad de Crecimiento:**

   - **Aprender de los Errores:** Ve los errores y fracasos como oportunidades para aprender y crecer, en lugar de como finales inamovibles.

   - **Flexibilidad en el Pensamiento:** Practica estar abierto a nuevas ideas y enfoques, incluso si son diferentes de tus creencias o métodos actuales.

2. **Desarrollo Continuo de Habilidades:**

   - **Educación Continua:** Involúcrate en el aprendizaje continuo para mantener tus habilidades relevantes y actualizadas.

   - **Diversificación de Habilidades:** Desarrolla un conjunto diverso de habilidades para aumentar tu versatilidad y capacidad de adaptación a diferentes roles o entornos.

3. **Fomentar la Curiosidad y la Exploración:**

   - **Explorar Nuevos Intereses:** Dedica tiempo a explorar nuevos intereses, hobbies y actividades que desafíen tu zona de confort.

   - **Viajes y Experiencias Culturales:** Los viajes y las experiencias en diferentes culturas pueden abrir tu mente a nuevas perspectivas y formas de hacer las cosas.

4. **Práctica de la Resiliencia:**

   - **Gestión del Estrés y la Incertidumbre:** Desarrolla estrategias para manejar el estrés y la incertidumbre, como la meditación, el ejercicio y el apoyo social.

   - **Recuperación de Contratiempos:** Aprende a recuperarte rápidamente de los contratiempos y a verlos como temporales y superables.

5. **Promoción de la Innovación y la Creatividad:**

   - **Ambientes que Fomentan la Creatividad:** Crea o busca entornos, tanto en el trabajo como en casa, que estimulen la creatividad y la experimentación.

   - **Brainstorming y Pensamiento Lateral:** Practica técnicas de brainstorming y pensamiento lateral para generar nuevas ideas y soluciones.

6. **Adaptabilidad en las Organizaciones:**

   - **Cultura Organizacional Flexible:** Las empresas y organizaciones deben fomentar una cultura que valore la adaptabilidad y la capacidad de respuesta a los cambios.

- **Estrategias de Gestión del Cambio:** Implementa estrategias de gestión del cambio que involucren a todos los niveles de la organización en el proceso de adaptación.

7. **Uso de Tecnología y Herramientas Digitales:**

   - **Herramientas para la Adaptabilidad:** Aprovecha las herramientas digitales y tecnológicas que facilitan la adaptación a nuevos entornos o situaciones, como el aprendizaje en línea y las plataformas de colaboración.

8. **Redes de Apoyo y Colaboración:**

   - **Construcción de Redes:** Construye y mantiene una red de contactos diversa que pueda proporcionar apoyo, orientación y nuevas oportunidades.

Al integrar estas prácticas en nuestra vida y trabajo, podemos aumentar significativamente nuestra capacidad para adaptarnos a los cambios y desafíos, lo que nos permite no solo sobrevivir sino prosperar en un mundo en constante evolución.

Ejemplos Históricos de Cambio Significativo

A lo largo de la historia, ha habido numerosos ejemplos de cambios significativos que desafían el Instinto de Destino y demuestran la capacidad de la humanidad para adaptarse y evolucionar. Estos ejemplos sirven como poderosos recordatorios de que el cambio es no solo posible, sino a menudo una parte esencial del progreso humano. Analicemos algunos de estos momentos históricos:

1. **Revolución Industrial:**

   - **Transformación Económica y Social:** La Revolución Industrial marcó un cambio drástico de las sociedades agrarias a las industriales, alterando fundamentalmente la economía mundial, el trabajo y la vida cotidiana.

2. **Caída del Muro de Berlín y el Fin de la Guerra Fría:**

   - **Cambio Político y Reunificación:** El colapso del Muro de Berlín en 1989 simbolizó el fin de la Guerra Fría y llevó a la reunificación de Alemania, mostrando cómo las estructuras políticas aparentemente inmutables pueden cambiar rápidamente.

3. **Movimiento por los Derechos Civiles en Estados Unidos:**

   - **Lucha por la Igualdad y la Justicia:** A través de la resistencia no violenta y el activismo persistente, el movimiento por los derechos civiles logró cambios significativos en las leyes y actitudes sociales respecto a la segregación racial y la discriminación.

4. **Desarrollo de Internet y la Revolución Digital:**

   - **Revolución Tecnológica:** La invención de Internet y la digitalización han transformado radicalmente cómo vivimos, trabajamos y nos comunicamos, demostrando la capacidad de la tecnología para cambiar la sociedad.

5. **Logros en la Igualdad de Género:**

- **Progreso en Derechos y Representación:** A pesar de los desafíos continuos, ha habido avances significativos en la igualdad de género en muchas partes del mundo, incluyendo el derecho al voto, la igualdad en el lugar de trabajo y la representación en la política.

6. **Avances en la Ciencia Médica:**

- **Mejoras en Salud y Longevidad:** Los avances en medicina, como las vacunas, los antibióticos y las técnicas de cirugía, han llevado a mejoras dramáticas en la salud y la longevidad humanas.

7. **Movimientos Ambientales y Acción Climática:**

- **Conciencia y Política Ambiental:** La creciente conciencia y activismo en torno al cambio climático y la sostenibilidad ambiental están conduciendo a cambios importantes en las políticas y prácticas globales.

Estos ejemplos históricos destacan cómo el cambio significativo es posible a través de la innovación, la resistencia, el activismo y la transformación colectiva. Nos recuerdan que, lejos de estar predeterminado por el destino, nuestro futuro está abierto a las posibilidades creadas por nuestras acciones y decisiones.

Prácticas para Adoptar una Mentalidad de Crecimiento

Adoptar una mentalidad de crecimiento es fundamental para superar el Instinto de Destino y para reconocer que el cambio y la mejora son siempre posibles. Una mentalidad de crecimiento implica creer en la capacidad de evolucionar y aprender a lo largo de la vida. Aquí se detallan prácticas clave para fomentar esta mentalidad:

1. **Enfrentar Desafíos con Optimismo:**

   - **Ver los Desafíos como Oportunidades:** En lugar de evitar los desafíos, abrázalos como oportunidades para aprender y crecer.

   - **Persistencia:** Mantén un enfoque persistente frente a los obstáculos, viéndolos como parte del proceso de aprendizaje.

2. **Fomentar la Curiosidad y el Aprendizaje Continuo:**

   - **Exploración Activa:** Sé curioso sobre el mundo que te rodea y busca activamente nuevos conocimientos y experiencias.

   - **Educación Permanente:** Comprométete con el aprendizaje continuo, ya sea a través de la educación formal, la lectura, los seminarios en línea, o los talleres.

3. **Practicar la Reflexión y la Autoevaluación:**

   - **Diario Personal:** Lleva un diario para reflexionar sobre tus experiencias, éxitos y fracasos, y lo que has aprendido de ellos.

   - **Feedback Constructivo:** Busca y valora el feedback constructivo, y utilízalo para mejorar y ajustar tus enfoques.

4. **Cultivar la Resiliencia:**

   - **Gestión del Fracaso:** Aprende a ver el fracaso no como un final, sino como una parte esencial del proceso de aprendizaje.

   - **Adaptabilidad:** Desarrolla la capacidad de adaptarte a situaciones cambiantes y de aprender de ellas.

5. **Establecer Metas Realistas y Alcanzables:**

   - **Metas a Corto y Largo Plazo:** Establece metas que sean desafiantes pero alcanzables, y crea planes de acción para lograrlas.

   - **Celebración de Logros:** Reconoce y celebra tus logros, así como los pequeños pasos que das hacia tus metas más grandes.

6. **Promover la Creatividad y la Experimentación:**

   - **Espacios para la Creatividad:** Dedica tiempo y espacio para actividades creativas y experimentales.

   - **Tolerancia al Riesgo:** Asume riesgos calculados en la búsqueda de nuevas experiencias y soluciones.

7. **Desarrollar Habilidades de Pensamiento Crítico:**

   - **Análisis y Evaluación:** Practica analizar situaciones y problemas desde múltiples perspectivas y evalúa críticamente tus propios pensamientos y creencias.

8. **Construir y Mantener Redes de Apoyo:**

   - **Comunidad de Aprendizaje:** Rodéate de personas que también valoren el crecimiento y el aprendizaje, y que te apoyen en tus esfuerzos.

9. **Mantener una Actitud Positiva:**

   - **Optimismo:** Adopta una actitud general de optimismo hacia la vida y tus capacidades, creyendo en tu potencial para crecer y mejorar.

Al incorporar estas prácticas en tu vida diaria, puedes desarrollar una mentalidad de crecimiento que te permita superar el Instinto de Destino, adaptarte a los cambios y aprovechar las oportunidades para el desarrollo personal y profesional.

CAPÍTULO 9: DESMONTANDO LA PERSPECTIVA ÚNICA

Riesgos de una Sola Perspectiva

Confiar en una sola perspectiva para entender el mundo y tomar decisiones es un enfoque limitante que puede conducir a errores de juicio y oportunidades perdidas. El reconocimiento de los riesgos asociados con adherirse a una única perspectiva es fundamental para fomentar una comprensión más completa y matizada de la realidad. A continuación, exploramos algunos de estos riesgos:

1. **Visión Estrecha y Sesgada:**

   - **Falta de Diversidad en el Pensamiento:** Confiar en una sola perspectiva puede llevar a una visión estrecha del mundo, limitando nuestra capacidad para ver y considerar alternativas o puntos de vista diferentes.

   - **Confirmación de Prejuicios:** Puede reforzar prejuicios existentes, ya que tendemos a buscar información que confirme nuestras creencias actuales.

2. **Toma de Decisiones Ineficaz:**

   - **Falta de Análisis Completo:** Las decisiones basadas en una única perspectiva pueden no tomar en cuenta todos los aspectos relevantes de un problema o situación.

   - **Riesgo de Soluciones Subóptimas:** Esto puede llevar a soluciones o acciones que no son las más efectivas o adecuadas para la situación.

3. **Pérdida de Oportunidades de Aprendizaje y Crecimiento:**

    - **Limitación en el Desarrollo Personal:** La falta de exposición a diferentes perspectivas puede limitar nuestro crecimiento personal y profesional.

    - **Desaprovechamiento de la Diversidad:** Ignorar diferentes perspectivas y experiencias significa perder oportunidades valiosas de aprendizaje y enriquecimiento.

4. **Conflictos y Malentendidos:**

    - **Dificultades en la Comunicación:** Una perspectiva única puede llevar a malentendidos y conflictos en las relaciones personales y profesionales, especialmente en entornos multiculturales.

    - **Falta de Empatía y Comprensión:** Puede impedir la capacidad de empatizar con otros, lo que es esencial para la colaboración efectiva y las relaciones interpersonales saludables.

5. **Innovación y Creatividad Limitadas:**

    - **Barreras para la Innovación:** La innovación a menudo surge de la combinación de diferentes perspectivas y experiencias. Confiar en una sola perspectiva puede limitar nuestro potencial creativo.

    - **Soluciones Convencionales:** Puede llevar a soluciones convencionales y a la falta de enfoques creativos o innovadores para resolver problemas.

6. **Riesgos en Ambientes Profesionales y Académicos:**

- **Enfoques Limitados en la Investigación:** En el ámbito académico y profesional, una única perspectiva puede conducir a investigaciones o análisis que no capturan la complejidad de un tema.

- **Gestión Ineficiente:** En la gestión empresarial, puede resultar en estrategias que no consideran todas las variables relevantes del mercado o la organización.

Reconocer y abordar los riesgos de adherirse a una única perspectiva es crucial para tomar decisiones más informadas, desarrollar relaciones más ricas y profundas, y fomentar un entorno de aprendizaje y crecimiento continuo. Esto implica estar abierto a nuevas ideas, buscar activamente diferentes puntos de vista y valorar la diversidad de pensamiento y experiencia.

Beneficios de Múltiples Puntos de Vista

La incorporación de múltiples puntos de vista en nuestro análisis y toma de decisiones conlleva beneficios significativos tanto a nivel personal como profesional. Al valorar y considerar una variedad de perspectivas, podemos alcanzar un entendimiento más completo y matizado de las situaciones, lo que conduce a decisiones más informadas y efectivas. Examinemos los principales beneficios de adoptar múltiples puntos de vista:

1. **Mejor Toma de Decisiones:**

- **Análisis Integral:** Considerar múltiples perspectivas permite un análisis más completo de los problemas, asegurando que se consideren todos los aspectos relevantes.

- **Decisiones Más Informadas:** Esto conduce a decisiones mejor informadas y más equilibradas, basadas en una comprensión más amplia de las situaciones.

2. **Aumento de la Creatividad e Innovación:**

    - **Fomento de Ideas Innovadoras:** La combinación de diferentes puntos de vista puede generar nuevas ideas y soluciones creativas que no serían posibles desde una sola perspectiva.

    - **Estímulo de la Innovación:** La diversidad de pensamiento es un motor clave para la innovación, tanto en el ámbito empresarial como en la investigación científica.

3. **Desarrollo Personal y Profesional:**

    - **Crecimiento Personal:** Estar expuesto a diferentes perspectivas fomenta el crecimiento personal, ampliando nuestra comprensión del mundo y de las personas.

    - **Habilidades de Liderazgo:** Para los líderes, considerar múltiples puntos de vista es crucial para tomar decisiones inclusivas y efectivas.

4. **Mejora de la Comprensión y Empatía:**

    - **Relaciones Interpersonales Más Fuertes:** Comprender y valorar diferentes puntos de vista puede mejorar las relaciones personales y profesionales, construyendo puentes de entendimiento y empatía.

- **Comunicación Efectiva:** Facilita una comunicación más efectiva, permitiendo un intercambio de ideas más rico y constructivo.

5. **Solución de Problemas Más Efectiva:**

   - **Enfoques Multidimensionales:** La adopción de múltiples perspectivas permite abordar los problemas desde diferentes ángulos, lo que puede llevar a soluciones más efectivas y sostenibles.

   - **Preparación para la Complejidad:** Nos prepara mejor para enfrentar la complejidad inherente en muchos desafíos contemporáneos.

6. **Reducción de Sesgos y Prejuicios:**

   - **Contrarrestar Sesgos Personales:** La exposición a diversas opiniones puede ayudar a identificar y contrarrestar nuestros propios sesgos y prejuicios.

   - **Decisiones Más Objetivas:** Promueve una toma de decisiones más objetiva, basada en una evaluación equilibrada de diferentes puntos de vista.

7. **Adaptabilidad y Flexibilidad:**

   - **Capacidad de Adaptación:** Estar abierto a diferentes perspectivas aumenta nuestra capacidad de adaptarnos a situaciones nuevas o cambiantes.

   - **Flexibilidad Mental:** Fomenta una mentalidad más flexible y abierta, una habilidad clave en un mundo en constante cambio.

Incorporar múltiples puntos de vista en nuestro enfoque del mundo no solo enriquece nuestro entendimiento y toma de decisiones, sino que también nos prepara para navegar mejor en un entorno global y diverso. Es una práctica fundamental para el desarrollo personal, la efectividad profesional y la contribución positiva en un mundo interconectado.

Métodos para Desarrollar Empatía y Comprensión

Desarrollar empatía y comprensión es esencial para superar el Instinto de Perspectiva Única y enriquecer nuestras relaciones e interacciones con los demás. La empatía, la capacidad de comprender y compartir los sentimientos de otra persona, es una habilidad clave para fomentar la comunicación efectiva y la cohesión social. A continuación, se presentan métodos efectivos para desarrollar estas cualidades:

1. **Escucha Activa:**

   - **Atención Plena en las Conversaciones:** Practica escuchar activamente, prestando atención total a lo que dice el otro, en lugar de planificar tu respuesta mientras habla.

   - **Evitar Interrumpir:** Permite que la otra persona exprese completamente sus pensamientos y sentimientos sin interrupciones.

2. **Ponerse en el Lugar del Otro:**

   - **Ejercicios de Perspectiva:** Intenta ver situaciones desde el punto de vista de la otra persona, imaginando cómo podrías sentirte y reaccionar en su lugar.

   - **Empatía Situacional:** Considera las circunstancias y experiencias de vida de los demás que podrían influir en sus percepciones y comportamientos.

3. **Comunicación No Violenta:**

   - **Uso de un Lenguaje Empático:** Practica la comunicación no violenta, que se enfoca en expresar tus sentimientos y necesidades sin culpar o criticar a los demás.

   - **Responder en Lugar de Reaccionar:** Aprende a responder a los demás con comprensión y empatía, incluso cuando estés en desacuerdo.

4. **Autoconciencia y Reflexión Personal:**

   - **Reconocer los Propios Sentimientos:** Sé consciente de tus propias emociones y cómo pueden influir en tus reacciones hacia los demás.

   - **Diario de Auto-Reflexión:** Lleva un diario para reflexionar sobre tus interacciones diarias y cómo podrías mejorar en empatía y comprensión.

5. **Educación y Exposición a la Diversidad:**

   - **Aprender sobre Otras Culturas y Experiencias:** Busca oportunidades para aprender sobre diferentes culturas, historias y experiencias de vida.

   - **Participación en Eventos Culturales y Sociales:** Asiste a eventos y actividades que te expongan a diversas perspectivas y estilos de vida.

6. **Desarrollo de Habilidades de Inteligencia Emocional:**

- **Cursos y Talleres:** Participa en cursos o talleres que se enfoquen en el desarrollo de la inteligencia emocional.

- **Ejercicios de Reconocimiento Emocional:** Practica identificar y nombrar emociones, tanto en ti mismo como en los demás.

7. **Prácticas de Mindfulness y Meditación:**

- **Meditación de Conciencia Plena:** La meditación puede ayudar a desarrollar una mayor conciencia de tus pensamientos y sentimientos, así como de los de los demás.

- **Mindfulness en la Vida Diaria:** Practica estar presente y consciente durante tus interacciones diarias.

8. **Solicitar y Ofrecer Feedback:**

- **Feedback Constructivo:** Pide retroalimentación sobre cómo te perciben los demás en términos de empatía y comprensión.

- **Ofrecer Feedback Empático:** Aprende a ofrecer feedback a los demás de manera empática y constructiva.

Al desarrollar empatía y comprensión, no solo mejoramos nuestras relaciones personales y profesionales, sino que también fomentamos un entorno más inclusivo y comprensivo, crucial para una sociedad saludable y armoniosa. Estas habilidades son fundamentales para navegar en un mundo diverso y conectado, permitiéndonos colaborar efectivamente y comprender mejor a los demás.

Análisis de Situaciones desde Diferentes Ángulos

Analizar situaciones desde diferentes ángulos es esencial para obtener una comprensión completa y equilibrada. Este enfoque multidimensional nos permite ver más allá de nuestras perspectivas iniciales y considerar una gama más amplia de factores y opiniones. Al hacerlo, podemos tomar decisiones más informadas y desarrollar soluciones más efectivas. A continuación, se describen métodos para analizar situaciones desde diversos ángulos:

1. **Exploración de Diversas Perspectivas:**

   - **Consulta con Diferentes Grupos:** Busca opiniones y puntos de vista de personas de diversos orígenes, profesiones y culturas.

   - **Entender Motivaciones y Contextos:** Trata de comprender las motivaciones y el contexto detrás de diferentes perspectivas.

2. **Uso de Técnicas de Pensamiento Crítico:**

   - **Pensamiento Lateral y Creativo:** Practica técnicas de pensamiento lateral para explorar posibilidades y alternativas fuera de las respuestas convencionales.

   - **Evaluación de Ventajas y Desventajas:** Considera cuidadosamente las ventajas y desventajas de cada perspectiva o solución propuesta.

3. **Análisis de Escenarios:**

   - **Desarrollo de Escenarios Múltiples:** Crea varios escenarios basados en diferentes supuestos y examina cómo cada uno podría desarrollarse.

- **Consideración de Consecuencias a Largo Plazo:** Evalúa los efectos potenciales a largo plazo de las decisiones y acciones desde varias perspectivas.

4. **Integración de Datos y Evidencia:**

   - **Recopilación de Datos Diversos:** Reúne datos de múltiples fuentes para informar tu análisis.

   - **Interpretación Objetiva de Datos:** Analiza los datos de manera objetiva, evitando sesgos personales o confirmatorios.

5. **Empatía y Comprensión:**

   - **Ponerse en el Lugar del Otro:** Intenta ver la situación desde la perspectiva de otros involucrados o afectados.

   - **Diálogo y Comunicación Abierta:** Fomenta un diálogo abierto para entender mejor los puntos de vista de los demás.

6. **Revisión y Retroalimentación:**

   - **Solicitar Opiniones Externas:** Pide feedback sobre tu análisis a personas que puedan ofrecer una visión fresca o diferente.

   - **Estar Abierto a Cambiar de Opinión:** Mantén la disposición para ajustar tu punto de vista en función de nueva información o perspectivas.

7. **Reflexión y Autoevaluación:**

   - **Reconocer Sesgos Propios:** Sé consciente de tus propios prejuicios y cómo podrían influir en tu análisis.

- **Evaluación Continua:** Revisa regularmente tu enfoque y conclusiones a medida que surjan nuevas informaciones.

Al adoptar estos enfoques, podemos desafiar nuestras propias suposiciones, considerar una gama más amplia de factores y, en última instancia, llegar a conclusiones más ricas y matizadas. Este enfoque multidimensional es particularmente valioso en entornos complejos y rápidamente cambiantes, donde las soluciones simples rara vez son suficientes.

Casos Prácticos de Perspectivas Múltiples

Los casos prácticos que involucran la integración de múltiples perspectivas son ejemplos valiosos de cómo este enfoque puede conducir a soluciones más efectivas y comprensivas. Estos casos demuestran la importancia de considerar una variedad de puntos de vista en la resolución de problemas y la toma de decisiones. A continuación, se presentan ejemplos que ilustran el valor de las perspectivas múltiples:

1. **Resolución de Conflictos en el Lugar de Trabajo:**

    - **Situación:** Un equipo diverso enfrenta conflictos internos debido a diferencias en estilos de trabajo y comunicación.

    - **Enfoque de Múltiples Perspectivas:** Se realizan sesiones de mediación donde cada miembro del equipo expresa su punto de vista. La integración de estas perspectivas conduce a un entendimiento mutuo y a la adopción de estrategias de trabajo que respetan y valoran la diversidad del equipo.

2. **Desarrollo de Productos en una Empresa Multinacional:**

   - **Situación:** Una empresa global busca desarrollar un nuevo producto para mercados internacionales.

   - **Enfoque de Múltiples Perspectivas:** Se reúnen equipos de diferentes regiones para aportar sus perspectivas culturales y de mercado. Este enfoque colaborativo resulta en un producto que es bien recibido en múltiples mercados debido a su relevancia cultural y funcional adaptada.

3. **Planificación Urbana y Desarrollo Comunitario:**

   - **Situación:** Una ciudad planea renovar un vecindario histórico.

   - **Enfoque de Múltiples Perspectivas:** Los planificadores involucran a residentes, historiadores, empresarios y ecologistas en el proceso de planificación. La integración de estas perspectivas conduce a un plan de desarrollo que preserva el patrimonio histórico, apoya el crecimiento económico y protege el medio ambiente.

4. **Gestión de Crisis Sanitaria:**

   - **Situación:** Un país enfrenta una emergencia de salud pública.

   - **Enfoque de Múltiples Perspectivas:** Expertos en salud, economistas, líderes comunitarios y representantes del gobierno colaboran para formular una respuesta. Esta respuesta integral aborda la crisis sanitaria, minimiza la interrupción económica y considera el impacto social.

5. **Educación y Diseño Curricular:**

- **Situación:** Una escuela busca revisar su currículo para hacerlo más inclusivo y relevante.

- **Enfoque de Múltiples Perspectivas:** Educadores, estudiantes, padres y expertos culturales participan en el proceso de diseño curricular. El resultado es un programa educativo que refleja una diversidad de historias, experiencias y metodologías pedagógicas.

Estos casos prácticos demuestran cómo la adopción de múltiples perspectivas puede enriquecer el proceso de toma de decisiones y conducir a resultados más efectivos y satisfactorios. Al valorar y considerar una variedad de puntos de vista, podemos abordar desafíos complejos de manera más holística y empática.

CAPÍTULO 10: EL INSTINTO DE CULPA

Orígenes y efectos del instinto de culpa

El instinto de culpa es una respuesta emocional compleja que ha desempeñado un papel importante en la evolución humana. Para comprenderlo en profundidad, es esencial explorar sus orígenes y cómo afecta nuestras vidas en la sociedad actual.

Orígenes Evolutivos:

El instinto de culpa tiene profundas raíces en la evolución. En las sociedades prehistóricas, las normas sociales y la cooperación eran fundamentales para la supervivencia del grupo. Sentir culpa por acciones que socavan la cohesión del grupo tenía un propósito adaptativo. Esta emoción impulsaba a los individuos a adherirse a las normas y valores del grupo, lo que mejoraba sus posibilidades de supervivencia y reproducción.

Características del Instinto de Culpa:

El instinto de culpa se caracteriza por:

1. **Sentimiento de Responsabilidad:** Las personas sienten que han cometido una acción que va en contra de sus valores o de las expectativas sociales.

2. **Remordimiento:** A menudo se acompaña de un sentimiento de remordimiento por haber causado daño o malestar a otros o a uno mismo.

3. **Deseo de Reparación:** Las personas suelen desear corregir su acción o compensar de alguna manera a quienes han resultado afectados.

Efectos en la Sociedad Actual:

En la sociedad moderna, el instinto de culpa aún desempeña un papel significativo, aunque sus manifestaciones pueden variar. Algunos efectos del instinto de culpa en la sociedad actual incluyen:

1. **Ética y Moral:** El instinto de culpa sigue siendo un motor importante de la ética y la moral en la toma de decisiones individuales y colectivas.

2. **Responsabilidad Personal:** Fomenta la asunción de responsabilidad personal por las acciones y decisiones, lo que puede contribuir a una sociedad más justa y equitativa.

3. **Relaciones Interpersonales:** En las relaciones, el instinto de culpa puede llevar a disculpas sinceras y a la resolución de conflictos.

4. **Sensibilidad Social:** Contribuye a la sensibilidad hacia el sufrimiento de los demás y motiva acciones altruistas y de ayuda.

5. **Peligro de Culpa Excesiva:** Sin embargo, el instinto de culpa también puede llevar a la culpa excesiva y autoexigencia, lo que puede tener efectos negativos en la salud mental y emocional.

6. **Impacto en la Toma de Decisiones:** En la toma de decisiones, la culpa puede influir en la elección de acciones éticas, pero también puede llevar a decisiones motivadas por evitar la culpa en lugar de buscar el bienestar genuino.

Comprender los orígenes y efectos del instinto de culpa es esencial para gestionar esta emoción de manera saludable. Reconocer cuándo la culpa es apropiada y cuándo es excesiva es fundamental para mantener un equilibrio emocional y tomar decisiones informadas y éticas.

Diferencia entre Culpa Constructiva y Destructiva

La culpa es una emoción compleja que puede tener un impacto significativo en nuestras vidas y relaciones. Sin embargo, es importante reconocer que no toda culpa es igual. Existe una diferencia fundamental entre la culpa constructiva y la culpa destructiva, y comprender esta distinción es esencial para manejar esta emoción de manera saludable.

Culpa Constructiva:

La culpa constructiva es aquella que cumple un propósito positivo y puede conducir a un crecimiento personal y relaciones más sólidas. Aquí hay algunas características de la culpa constructiva:

1. **Motivación para el Cambio:** La culpa constructiva suele ser un incentivo para reconocer un error o una acción perjudicial y tomar medidas para enmendarlo.

2. **Aprendizaje:** Se ve como una oportunidad de aprendizaje y crecimiento personal. La persona se compromete a no repetir la acción que causó la culpa.

3. **Mejora de Relaciones:** Puede fortalecer las relaciones interpersonales, ya que la persona culpable busca hacer las paces y restaurar la confianza.

4. **Conciencia de Valores:** Ayuda a mantenerse alineado con los valores y normas personales, lo que contribuye a una toma de decisiones ética.

Culpa Destructiva:

Por otro lado, la culpa destructiva es perjudicial y puede tener efectos negativos en la salud mental y emocional. Algunas características de la culpa destructiva incluyen:

1. **Autocrítica Excesiva:** La persona se critica a sí misma de manera excesiva y no perdona sus errores, lo que puede llevar a una baja autoestima y ansiedad.

2. **Rumia Negativa:** Se rumia constantemente sobre la culpa pasada sin llegar a una resolución o acción constructiva.

3. **Impacto en las Relaciones:** Puede dañar las relaciones interpersonales, ya que la persona culpable puede ser percibida como negativa o autoabsorbida.

4. **Incapacidad para Avanzar:** La culpa destructiva puede paralizar a una persona, impidiéndole avanzar y superar los errores pasados.

Manejo Saludable de la Culpa:

Para manejar la culpa de manera saludable, es importante distinguir entre culpa constructiva y destructiva. Aquí hay algunas estrategias para hacerlo:

1. **Autoevaluación:** Reflexiona sobre si la culpa que sientes te motiva a mejorar y aprender, o si te atrapa en un ciclo de autocrítica negativa.

2. **Acción Constructiva:** Si la culpa es constructiva, toma medidas concretas para enmendar la situación y evitar errores similares en el futuro.

3. **Hablar con Otros:** Comparte tus sentimientos de culpa con amigos, familiares o un profesional de la salud mental para obtener una perspectiva externa y apoyo.

4. **Prácticas de Autocompasión:** Practica la autocompasión y el perdón hacia ti mismo, reconociendo que todos cometemos errores.

En resumen, la culpa no es una emoción completamente negativa. Puede ser una fuerza motivadora para el cambio y la mejora personal. Sin embargo, es esencial diferenciar entre culpa constructiva y destructiva y abordarla de manera adecuada para mantener un equilibrio emocional y psicológico saludable.

Transformar la Culpa en Acción Positiva

La culpa es una emoción poderosa que, cuando se maneja adecuadamente, puede convertirse en un motor para la acción positiva y el crecimiento personal. Transformar la culpa en una fuerza constructiva implica canalizar esa emoción hacia acciones que generen un impacto positivo en uno mismo y en los demás. Aquí te presento cómo puedes lograrlo:

1. **Reconocer la Culpa:** El primer paso es reconocer y aceptar la culpa. Aceptar que has cometido un error es fundamental para abordar la situación de manera constructiva.

2. **Autoevaluación:** Reflexiona sobre las razones detrás de la culpa. ¿Fue un error genuino o una expectativa poco realista? Comprender la causa te ayudará a tomar medidas apropiadas.

3. **Aprender de la Experiencia:** La culpa puede ser un maestro poderoso. Utiliza la experiencia como una oportunidad de aprendizaje. Pregúntate a ti mismo qué puedes aprender de la situación y cómo puedes evitar cometer el mismo error en el futuro.

4. **Acción Correctiva:** Si es posible, toma medidas concretas para enmendar la situación. Esto puede implicar disculparte con alguien a quien hayas lastimado o corregir el error en la medida de lo posible.

5. **Contribuir Positivamente:** Transforma la culpa en acciones positivas. Por ejemplo, si te sientes culpable por no ayudar lo suficiente a los demás, considera dedicar tiempo a hacer trabajo voluntario o apoyar a una causa benéfica.

6. **Practicar la Autocompasión:** No te castigues en exceso. Practicar la autocompasión significa tratarte con amabilidad y comprensión, reconociendo que todos cometemos errores.

7. **Comunicación:** Si la culpa involucra a otros, comunícate con ellos de manera abierta y honesta. Explica tus sentimientos de culpa y tu deseo de hacerlo bien en el futuro.

8. **Establecer Metas Positivas:** Define metas realistas y positivas para ti mismo. Utiliza la culpa como motivación para trabajar hacia esas metas.

9. **Búsqueda de Apoyo:** Si la culpa es abrumadora o persistente, considera buscar apoyo emocional de amigos, familiares o un profesional de la salud mental.

10. **Perdón:** Finalmente, recuerda que el perdón es una parte importante del proceso. Aprende a perdonarte a ti mismo y, cuando sea apropiado, busca el perdón de los demás.

Transformar la culpa en acción positiva no solo te ayuda a crecer como individuo, sino que también puede tener un impacto significativo en las relaciones y la comunidad en general. Aprovecha la energía de la culpa para hacer el bien y construir un futuro más positivo.

Estrategias para Manejar la Culpa de Manera Saludable

La culpa es una emoción natural que todos experimentamos en algún momento de nuestras vidas. Sin embargo, es esencial aprender a manejarla de manera saludable para evitar que se convierta en un peso emocional abrumador. Aquí te presento algunas estrategias efectivas para gestionar la culpa de manera positiva:

1. **Reconoce tus Sentimientos:** El primer paso para manejar la culpa es reconocer que la estás experimentando. Aceptar tus emociones es el punto de partida para abordarlas de manera efectiva.

2. **Comprende la Causa:** Reflexiona sobre la causa de tu culpa. ¿Qué acción o situación te está haciendo sentir culpable? Comprender la causa te ayudará a identificar posibles soluciones.

3. **Aprende de la Experiencia:** La culpa puede ser una oportunidad de aprendizaje. Pregúntate a ti mismo qué puedes aprender de la situación y cómo puedes evitar cometer el mismo error en el futuro.

4. **Habla sobre tus Sentimientos:** Comparte tus sentimientos de culpa con alguien en quien confíes, como un amigo cercano o un terapeuta. Hablar sobre lo que sientes puede aliviar la carga emocional y proporcionarte perspectivas externas.

5. **Pide Perdón si es Necesario:** Si tu culpa involucra a otras personas y has causado daño, considera pedir perdón sinceramente. Reconocer tus errores y disculparte es un paso importante hacia la resolución.

6. **Practica la Autocompasión:** Trátate a ti mismo con amabilidad y compasión. Recuerda que todos cometemos errores y que la autocrítica excesiva no es constructiva.

7. **Enmienda la Situación si Puedes:** Si es posible, toma medidas para corregir la situación o hacerlo bien. La acción correctiva puede ser una forma efectiva de manejar la culpa.

8. **Establece Metas Positivas:** Define metas realistas y positivas para ti mismo. Utiliza la culpa como motivación para trabajar hacia esas metas y hacer un cambio positivo.

9. **Evita la Rumia Negativa:** Evita quedarte atrapado en pensamientos negativos y autocríticos. En lugar de eso, busca soluciones y formas de avanzar.

10. **Busca Apoyo:** Si la culpa es abrumadora o persistente, considera buscar apoyo de un profesional de la salud mental. Un terapeuta puede ayudarte a abordar y gestionar tus emociones de manera más efectiva.

11. **Aprende a Perdonarte:** El perdón hacia uno mismo es fundamental. Aprende a perdonarte por tus errores y acepta que eres humano y imperfecto.

12. **Practica la Gratitud:** Fomenta una actitud de gratitud. Reflexiona sobre las cosas positivas en tu vida y cómo puedes contribuir de manera positiva al mundo.

Recuerda que la culpa es una emoción normal, pero no debes dejar que te paralice o te consuma. Utiliza estas estrategias para manejarla de manera saludable y convertirla en una oportunidad de crecimiento y mejora personal.

Historias de Superación de la Culpa

A lo largo de la historia, muchas personas han experimentado la culpa y han encontrado formas inspiradoras de superarla y transformarla en un motor de cambio positivo en sus vidas. Aquí te presento algunas historias de superación de la culpa que pueden servir como fuente de inspiración:

1. **Nelson Mandela:** El icónico líder sudafricano Nelson Mandela pasó 27 años en prisión por su lucha contra el apartheid. A pesar de las adversidades, eligió perdonar a sus opresores en lugar de aferrarse a la culpa o la venganza. Su actitud de perdón y reconciliación fue fundamental para la transición pacífica de Sudáfrica hacia la democracia.

2. **Malala Yousafzai:** Malala, la defensora de la educación de las niñas, sobrevivió a un intento de asesinato por parte de un grupo extremista. En lugar de culparse a sí misma por su activismo, canalizó su experiencia traumática en una misión global para empoderar a las niñas a través de la educación.

3. **Oprah Winfrey:** La icónica presentadora de televisión Oprah Winfrey superó una infancia marcada por el abuso y la pobreza. A pesar de las dificultades, se convirtió en una figura influyente y solidaria que utiliza su éxito para abordar cuestiones sociales y promover la autoayuda.

4. **Desmond Tutu:** El arzobispo sudafricano Desmond Tutu desempeñó un papel fundamental en la Comisión de Verdad y Reconciliación de Sudáfrica. Ayudó a personas traumatizadas por el apartheid a confrontar sus propias culpas y perdonarse mutuamente, allanando el camino para la curación y la reconciliación en el país.

5. **Maya Angelou:** La famosa autora y poeta Maya Angelou superó una infancia difícil y experiencias traumáticas. En lugar de dejarse consumir por la culpa, utilizó su voz y sus palabras para inspirar a otros a superar sus propias adversidades y encontrar la fuerza en sus historias personales.

Estas historias destacan la capacidad humana para enfrentar la culpa, perdonarse a sí mismo y utilizar las experiencias personales para hacer el bien en el mundo. Sirven como ejemplos poderosos de cómo la culpa puede convertirse en un catalizador para el cambio positivo y la superación personal.

CAPÍTULO 11: LA URGENCIA Y SU MANEJO

Comprender el instinto de urgencia

En este capítulo, exploraremos un aspecto fundamental de la psicología humana: el instinto de urgencia. Este instinto nos impulsa a actuar rápidamente en situaciones percibidas como urgentes o vitales. Si bien la urgencia puede ser una fuerza motivadora, también puede llevarnos a tomar decisiones precipitadas o a sentirnos abrumados por la presión del tiempo.

Orígenes del Instinto de Urgencia:

El instinto de urgencia tiene raíces evolutivas profundas. En nuestros ancestros, la capacidad de reaccionar rápidamente a las amenazas era crucial para la supervivencia. Este instinto nos ha ayudado a evitar peligros inmediatos y a responder a situaciones de emergencia.

Identificar cuando la Urgencia es Real o Percibida:

Uno de los desafíos clave es distinguir entre una verdadera urgencia y una percepción errónea de la misma. A menudo, nuestras respuestas urgentes están influenciadas por factores como el estrés, la presión social o la falta de información completa. Aprender a evaluar la verdadera urgencia de una situación es esencial para tomar decisiones informadas.

Técnicas para la Toma de Decisiones bajo Presión:

Cuando nos enfrentamos a situaciones urgentes, la toma de decisiones puede volverse más difícil. En este capítulo, exploraremos técnicas efectivas para tomar decisiones bajo presión. Esto incluye la capacidad de mantener la calma, priorizar tareas y evaluar las consecuencias a corto y largo plazo de nuestras acciones.

Equilibrar la Rapidez y la Reflexión:

Si bien la urgencia a menudo exige acción rápida, también es importante equilibrarla con la reflexión. Aprenderemos cómo encontrar el punto óptimo entre la rapidez necesaria y la consideración adecuada antes de actuar.

Casos de Estudio sobre la Gestión de la Urgencia:

En este capítulo, exploraremos casos de estudio reales en los que se manejó la urgencia de manera efectiva o ineficaz. Estos ejemplos proporcionarán una visión práctica de cómo el instinto de urgencia puede influir en nuestras decisiones y cómo podemos aprender de estas experiencias.

A medida que profundizamos en el tema de la urgencia, comprenderemos cómo este instinto puede ser una herramienta valiosa cuando se utiliza adecuadamente, pero también puede llevar a errores costosos cuando se actúa de manera precipitada. Aprender a manejar el instinto de urgencia de manera inteligente y consciente es esencial para tomar decisiones informadas y efectivas en la vida cotidiana.

Identificar Cuando la Urgencia es Real o Percibida

Uno de los desafíos más importantes en la gestión de la urgencia es la capacidad de distinguir entre una urgencia real y una percibida. A menudo, nuestras emociones y la presión del tiempo pueden distorsionar nuestra percepción de la importancia y la necesidad de actuar rápidamente. En este apartado, exploraremos cómo identificar cuándo la urgencia es genuina y cuándo es una ilusión.

Factores que Contribuyen a la Percibida Urgencia:

1. **Estrés:** El estrés puede magnificar la percepción de urgencia. Cuando estamos estresados, tendemos a sentir que todo es más urgente de lo que realmente es. Es importante reconocer cómo el estrés puede influir en nuestra percepción.

2. **Presión Social:** La presión de la sociedad y las expectativas de los demás pueden hacernos sentir que debemos actuar rápidamente, incluso cuando no hay una necesidad real. Aprenderemos a separar las expectativas externas de nuestras propias prioridades.

3. **Falta de Información:** A veces, la falta de información completa puede llevarnos a percibir una situación como urgente cuando en realidad no lo es. Aprenderemos a buscar información y a evaluarla críticamente.

Señales de que la Urgencia es Real:

1. **Riesgo Inminente:** Una urgencia real a menudo implica un riesgo inminente para la seguridad o el bienestar. Si existe un peligro tangible y evidente, la urgencia es real.

2. **Consecuencias Graves:** La magnitud de las consecuencias también puede indicar la urgencia. Si no tomar medidas inmediatas resultaría en consecuencias graves o irreversibles, la urgencia es genuina.

3. **Datos y Evidencia:** La urgencia real está respaldada por datos y evidencia sólida. Aprenderemos a buscar información verificable antes de tomar decisiones impulsivas.

Preguntas para Evaluar la Urgencia:

Para determinar si la urgencia es real o percibida, podemos hacer preguntas clave:

- ¿Cuáles son las consecuencias de no actuar de inmediato?

- ¿Existe evidencia sólida que respalde la necesidad de acción inmediata?

- ¿Estoy tomando esta decisión debido a la presión externa o a expectativas sociales?

- ¿Cómo se verían afectados los objetivos a largo plazo si actúo precipitadamente?

Al aprender a identificar cuándo la urgencia es real o percibida, podemos tomar decisiones más informadas y evitar la presión innecesaria. La gestión inteligente de la urgencia implica equilibrar la necesidad de actuar rápidamente con la necesidad de tomar decisiones informadas y reflexionadas.

Técnicas para la Toma de Decisiones Bajo Presión

La capacidad de tomar decisiones efectivas bajo presión es una habilidad invaluable en la vida cotidiana. En este apartado, exploraremos diversas técnicas que te ayudarán a enfrentar situaciones urgentes con calma y tomar decisiones informadas.

1. Mantén la Calma: La primera clave para tomar decisiones bajo presión es mantener la calma. Cuando nos sentimos abrumados por la urgencia, es fácil caer en la impulsividad. Respira profundamente, tómate un momento para relajarte y reduce la tensión emocional.

2. Prioriza Tareas: Identifica las tareas más importantes y urgentes. La matriz de Eisenhower, que categoriza las tareas en cuadrantes de urgencia e importancia, puede ser una herramienta útil. Priorizar te permite enfocarte en lo que realmente importa.

3. Evalúa las Consecuencias a Corto y Largo Plazo: Antes de tomar una decisión rápida, considera las posibles consecuencias a corto y largo plazo. Pregúntate cómo afectará tu decisión a tu vida y a tus metas a largo plazo. Esto te ayudará a tomar decisiones más equilibradas.

4. Busca Orientación: No temas buscar orientación de personas de confianza. A veces, un consejo externo puede proporcionar una perspectiva valiosa y ayudarte a ver la situación desde diferentes ángulos.

5. Utiliza Datos y Evidencia: Siempre que sea posible, basa tus decisiones en datos y evidencia sólida. La información verificable puede ayudarte a tomar decisiones más informadas y a reducir la incertidumbre.

6. Practica la Toma de Decisiones Bajo Presión: La práctica es clave para mejorar en cualquier habilidad, incluida la toma de decisiones bajo presión. Busca oportunidades para enfrentar situaciones urgentes en entornos controlados, como simulacros o ejercicios de resolución de problemas.

7. Aprende de las Experiencias Anteriores: Reflexiona sobre situaciones similares en el pasado y analiza cómo manejaste la urgencia. Aprender de tus experiencias anteriores puede ayudarte a desarrollar estrategias efectivas.

8. Establece un Proceso de Toma de Decisiones: Crea un proceso o un conjunto de pasos que puedas seguir cuando enfrentes una decisión bajo presión. Esto puede ayudarte a mantener la claridad y la estructura en momentos críticos.

9. Practica la Toma de Decisiones Rápidas: En situaciones de emergencia, a veces es necesario tomar decisiones rápidas. Practica la toma de decisiones rápida y efectiva para estar preparado cuando surja la necesidad.

10. Aprende a Delegar: En algunas situaciones, la mejor decisión puede ser delegar la responsabilidad a alguien más capacitado. Aprende a confiar en otros y a asignar tareas cuando sea necesario.

Recuerda que la toma de decisiones bajo presión es una habilidad que se puede desarrollar con práctica y paciencia. Con estas técnicas, estarás mejor preparado para enfrentar situaciones urgentes y tomar decisiones informadas que te ayudarán a alcanzar tus objetivos a largo plazo.

Equilibrar la Rapidez y la Reflexión

Una de las habilidades más cruciales al enfrentar situaciones de urgencia es la capacidad de equilibrar la rapidez con la reflexión. En este apartado, exploraremos cómo tomar decisiones informadas y efectivas en momentos críticos sin caer en la impulsividad.

La Importancia del Equilibrio:

La rapidez es esencial cuando la urgencia es real, pero la reflexión es igualmente importante para evitar decisiones precipitadas. El equilibrio entre estos dos aspectos es clave para tomar decisiones efectivas.

Pasos para Equilibrar la Rapidez y la Reflexión:

1. **Evalúa la Verdadera Urgencia:** Antes de actuar rápidamente, asegúrate de que la urgencia sea genuina. Pregunta si existe un riesgo inminente o si la situación puede manejarse con mayor reflexión.

2. **Define Objetivos Claros:** Establece objetivos claros para tu decisión. Saber lo que estás tratando de lograr te ayudará a enfocarte en la acción correcta.

3. **Establece un Límite de Tiempo:** En situaciones de urgencia, es útil establecer un límite de tiempo para la toma de decisiones. Esto evita la procrastinación y te obliga a actuar rápidamente.

4. **Reúne Datos Cruciales:** Busca datos y evidencia relevante que respalde tu decisión. La información sólida te permite tomar decisiones informadas.

5. **Consulta a Expertos:** Si es posible, busca el consejo de expertos o personas con experiencia en el tema. Esto puede proporcionar perspectivas valiosas.

6. **Evalúa las Consecuencias:** Antes de actuar, considera las posibles consecuencias de tus acciones. Pregúntate cómo afectará tu decisión a corto y largo plazo.

7. **Mantén la Calma:** La calma es esencial. Evita la impulsividad y toma un momento para respirar profundamente y reducir la tensión emocional.

8. **Revisa tu Decisión:** Después de tomar una decisión rápida, tómate el tiempo para revisarla. Si es necesario, ajusta tu enfoque en función de la información adicional.

Casos Prácticos de Equilibrio:

Exploraremos casos prácticos en los que se requirió un equilibrio entre la rapidez y la reflexión. Estos ejemplos te ayudarán a comprender cómo aplicar estas técnicas en situaciones reales.

El equilibrio entre la rapidez y la reflexión es una habilidad valiosa que se puede perfeccionar con la práctica. Al seguir estos pasos y aprender de la experiencia, estarás mejor preparado para tomar decisiones efectivas en momentos de urgencia.

Casos de Estudio sobre la Gestión de la Urgencia

Para comprender mejor cómo se aplica la gestión de la urgencia en situaciones reales, exploraremos algunos casos de estudio que destacan los principios clave que hemos discutido anteriormente.

Caso de Estudio 1: Rescate en Montaña

Imagina a un grupo de alpinistas que se enfrentan a una situación de emergencia en una montaña. Uno de los miembros ha sufrido una lesión grave. Aquí está cómo aplicaríamos los principios de gestión de urgencia:

- **Evaluar la Urgencia Real:** El miembro herido necesita atención médica inmediata, lo que hace que la urgencia sea real.

- **Definir Objetivos Claros:** El objetivo es estabilizar al herido y llevarlo a un lugar seguro.

- **Establecer un Límite de Tiempo:** Se establece un límite de tiempo para la atención médica, pero sin apresurarse de manera imprudente.

- **Reunir Datos Cruciales:** Se evalúa la gravedad de la lesión y se busca información sobre las condiciones meteorológicas y el terreno.

- **Consultar a Expertos:** En este caso, se busca la ayuda de un médico experto en montañismo.

- **Evaluar las Consecuencias:** Se considera el impacto de cada acción en la salud del herido y en la seguridad del grupo.

- **Mantener la Calma:** Mantener la calma es fundamental para tomar decisiones informadas bajo presión.

Caso de Estudio 2: Toma de Decisiones Empresariales

En el entorno empresarial, la urgencia a menudo se relaciona con la toma de decisiones financieras. Imagina una empresa que enfrenta una crisis financiera repentina. Aquí está cómo se aplican los principios:

- **Evaluar la Urgencia Real:** Si la empresa corre el riesgo de quiebra, la urgencia es real.

- **Definir Objetivos Claros:** El objetivo es estabilizar las finanzas y evitar pérdidas catastróficas.

- **Establecer un Límite de Tiempo:** Se establece un plazo para tomar decisiones y actuar, pero sin apresurarse en decisiones impulsivas.

- **Reunir Datos Cruciales:** Se recopila información financiera actualizada y se consulta a expertos en finanzas.

- **Consultar a Expertos:** Los directivos se reúnen con asesores financieros y analizan diferentes estrategias.

- **Evaluar las Consecuencias:** Se consideran las implicaciones a corto y largo plazo de cada decisión financiera.

- **Mantener la Calma:** La calma y la racionalidad son esenciales en momentos de crisis financiera.

Estos casos de estudio ilustran cómo los principios de gestión de urgencia pueden aplicarse en situaciones diversas. Ya sea en el rescate en montaña o en la toma de decisiones empresariales, la capacidad de equilibrar la rapidez con la reflexión es fundamental para lograr resultados efectivos.

CLAVES DE LA CLARIDAD

EPÍLOGO: En BUSCA DE LA CLARIDAD

Llegamos al final de nuestro viaje juntos a través de las páginas de **"Claves de la Claridad: Desbloqueando una Perspectiva Basada en Datos"**. Ha sido un recorrido intelectual que nos ha llevado desde la importancia de los datos en nuestra percepción hasta la gestión de la urgencia en nuestras decisiones.

A lo largo de este libro, hemos explorado cómo nuestras mentes a menudo nos engañan, cómo nuestros instintos pueden distorsionar nuestra percepción de la realidad y cómo podemos desafiar estas barreras para alcanzar una perspectiva basada en datos. Hemos analizado ejemplos de distorsiones comunes que afectan nuestra comprensión del mundo y hemos descubierto los beneficios de abrazar una visión fundamentada en evidencia.

Hemos aprendido a identificar y superar instintos como el de separación, negatividad, línea recta, miedo, tamaño, generalización, destino, perspectiva única y culpa. Hemos explorado estrategias para enfrentar estas tendencias humanas y hemos aplicado estos conocimientos en casos prácticos y ejemplos del mundo real.

A lo largo de este viaje, he compartido mi profunda creencia en la Factfulness, en la búsqueda constante de la verdad a través de datos y evidencia. La claridad es un tesoro que podemos alcanzar si estamos dispuestos a desafiar nuestras intuiciones y prejuicios, y a abrazar una mentalidad basada en datos.

En este epílogo, quiero recordarte que la claridad es un viaje continuo. No es un destino final, sino una forma de vida. En un mundo en constante cambio, debemos mantenernos vigilantes y comprometidos con la búsqueda de la verdad. La Factfulness es una brújula que nos guiará en este camino, y las claves que has adquirido a lo largo de este libro serán tus herramientas para desbloquear una perspectiva basada en datos.

La claridad nos permite ver el mundo con mayor precisión, tomar decisiones informadas y contribuir positivamente a nuestra sociedad. Te animo a que sigas cuestionando, investigando y aplicando estos principios en tu vida diaria.

Gracias por unirte a mí en este viaje hacia la claridad. Espero que las claves que has adquirido aquí te acompañen en tu búsqueda constante de una perspectiva basada en datos y en tu esfuerzo por comprender un mundo complejo y cambiante.

Con gratitud y claridad,

Aiko Ito

GLOSARIO:

A lo largo de "Claves de la Claridad: Desbloqueando una Perspectiva Basada en Datos", hemos explorado una variedad de conceptos y términos relacionados con la percepción, la Factfulness y la búsqueda de la claridad. Este glosario tiene como objetivo proporcionar definiciones claras y concisas de algunos de los términos clave utilizados en el libro.

1. **Factfulness:** El enfoque de búsqueda constante de la verdad a través de datos y evidencia. Implica cuestionar nuestras intuiciones y prejuicios para obtener una comprensión más precisa de la realidad.

2. **Instintos Humanos:** Patrones de pensamiento y comportamiento innatos que a menudo pueden distorsionar nuestra percepción de la realidad. Los instintos incluyen el instinto de separación, negatividad, línea recta, miedo, tamaño, generalización, destino, perspectiva única y culpa.

3. **Distorsiones de la Realidad:** Errores cognitivos que pueden llevarnos a percibir el mundo de manera inexacta. Estas distorsiones incluyen la distorsión de separación, la distorsión de negatividad, la distorsión de línea recta y otras.

4. **Claridad:** La capacidad de ver el mundo con precisión y comprender la realidad más allá de las percepciones sesgadas.

5. **Perspectiva Basada en Datos:** Una forma de ver el mundo en la que se valora la evidencia y los datos objetivos sobre las opiniones personales y las intuiciones.

6. **Factores Contextuales:** Elementos que rodean un conjunto de datos o una situación y que pueden influir en su interpretación. Comprender los factores contextuales es esencial para una percepción precisa.

7. **Efecto de Sesgo de Confirmación:** Tendencia a buscar, interpretar y recordar información de manera que confirme nuestras creencias preexistentes.

8. **Pensamiento Crítico:** Habilidad de evaluar y analizar información de manera objetiva y reflexiva, cuestionando suposiciones y sesgos.

9. **Perspectiva Múltiple:** La práctica de considerar una situación desde diferentes ángulos y puntos de vista para obtener una comprensión más completa.

10. **Empatía:** La capacidad de comprender y compartir los sentimientos de otros, lo que puede ayudar a obtener una perspectiva más comprensiva de las situaciones.

11. **Evidencia Empírica:** Datos y pruebas concretas que respaldan una afirmación o conclusión.

12. **Miedo Racional:** Miedo basado en una amenaza o peligro real y tangible.

13. **Miedo Irracional:** Miedo basado en una percepción exagerada o irracional de una amenaza.

14. **Urgencia Percibida:** La sensación de que una situación requiere una acción inmediata, incluso si la urgencia es subjetiva y no está respaldada por datos objetivos.

15. **Línea Recta:** La creencia errónea de que los eventos seguirán una trayectoria simple y directa, cuando en realidad muchas tendencias son no lineales.

Este glosario se proporciona como una referencia útil para comprender los términos clave utilizados en este libro. A medida que continúes tu búsqueda de claridad y Factfulness, te animo a que consultes este glosario siempre que lo necesites para aclarar conceptos y términos importantes.

BIBLIOGRAFÍA Y ENLACES

Este libro, "Claves de la Claridad: Desbloqueando una Perspectiva Basada en Datos" de Aiko Ito, se basa en una amplia gama de fuentes, investigaciones y recursos que respaldan su enfoque en la Factfulness y la comprensión basada en datos. A continuación, se presenta una selección de las fuentes y enlaces verificables que han influido en la creación de esta obra:

Libros Relevantes:

1. "Factfulness: Diez razones por las que estamos equivocados sobre el mundo y por qué las cosas están mejor de lo que piensas" por Hans Rosling, Ola Rosling y Anna Rosling Rönnlund.

Este libro seminal de Hans Rosling y su equipo explora cómo nuestras percepciones a menudo distorsionan la realidad y cómo podemos adoptar una perspectiva más precisa basada en datos.

2. "The Visual Display of Quantitative Information" por Edward R. Tufte.

Esta obra clásica se centra en la visualización efectiva de datos y gráficos, proporcionando pautas fundamentales para la presentación clara de información.

Recursos en Línea:

1. Sitio web de Gapminder:

Gapminder, la organización fundada por Hans Rosling, ofrece herramientas interactivas y visualizaciones de datos para comprender mejor los problemas globales y las tendencias a lo largo del tiempo.

2. Charla TED de Hans Rosling: "The Best Stats You've Ever Seen":

Esta icónica charla TED presenta la visión de Hans Rosling sobre la comunicación de datos y la percepción global.

3. Pew Research Center:

El Pew Research Center es una fuente confiable de datos e investigaciones sobre una variedad de temas globales, incluyendo la percepción pública y las tendencias sociales.

4. Data.gov:

Data.gov es un repositorio de datos gubernamentales de los Estados Unidos que proporciona acceso a una amplia gama de conjuntos de datos útiles.

Artículos Académicos:

1. Kahneman, D., & Tversky, A. (1979). Prospect Theory: An Analysis of Decision under Risk. Econometrica, 47(2), 263-292.

Este artículo clásico de Daniel Kahneman y Amos Tversky explora la teoría prospectiva, que es fundamental para comprender cómo las personas toman decisiones bajo incertidumbre.

2. Rosling, H. (2018). Factfulness: Ten Reasons We're Wrong About the World--and Why Things Are Better Than You Think. Flatiron Books.

El libro "Factfulness" de Hans Rosling ofrece una perspectiva valiosa sobre cómo las percepciones pueden desviarse de la realidad.

Estas fuentes y enlaces proporcionan una base sólida para el enfoque de este libro en la claridad, la Factfulness y la perspectiva basada en datos. A través de una combinación de libros, recursos en línea y artículos académicos, el autor ha reunido una amplia gama de conocimientos para ayudar a los lectores a desbloquear una comprensión más precisa del mundo que los rodea.

CLAVES DE LA CLARIDAD

SOBRE EL AUTOR:

El autor es un individuo enigmático y apasionado cuyo nombre ha dejado una impresión perdurable en el mundo de la comunicación de datos y la promoción de la Factfulness. A lo largo de su vida, Aiko ha tejido una intrincada red de experiencias y logros, sin embargo, es notablemente reacio a revelar detalles personales. Su nacimiento y antecedentes familiares son un misterio, lo que agrega un aura de misterio a su figura.

Aiko se embarcó en su viaje intelectual en algún lugar del mundo, donde su curiosidad innata lo llevó a explorar el vasto territorio del análisis de datos. Su educación formal y su formación académica son temas de especulación, ya que rara vez se le ha oído hablar de su pasado académico.

A lo largo de los años, Aiko ha colaborado en una serie de proyectos a nivel mundial, donde su experiencia en el análisis de datos y la comunicación efectiva se ha destacado. Ha trabajado con una variedad de organizaciones, desde gobiernos hasta organizaciones sin fines de lucro, y ha demostrado su habilidad para traducir datos complejos en narrativas accesibles para el público.

El mundo literario también ha sido testigo de las contribuciones de Aiko, aunque su escritura tiende a ser directa y enfocada en los conceptos clave. Sus libros se han convertido en una referencia para aquellos que buscan una comprensión más profunda de cómo los datos pueden dar forma a nuestra percepción.

Lo más intrigante de Aiko es su compromiso con la promoción de la claridad y la perspectiva basada en datos. Ha trabajado incansablemente para desafiar las percepciones erróneas y alentar una mentalidad basada en hechos en la sociedad. Su legado, aunque envuelto en enigmas, sigue siendo un faro de conocimiento en un mundo impulsado por la información.

SERIES EN LA MULTISERIE CAMINOS DEL CAMBIO: Serie "Declives Transformadores"

La serie "Declives Transformadores" es una parte esencial de la Multiserie "Caminos del Cambio" y se enfoca en destacar avances significativos en diversas áreas que han tenido un profundo impacto en la sociedad y el mundo en general. Cada episodio de esta serie aborda un tema fundamental que ha experimentado una transformación notoria a lo largo del tiempo, mostrando cómo la humanidad ha logrado superar desafíos aparentemente insuperables.

Temáticas de la Serie "Declives Transformadores":

1. **"Retrato del VIH"**: Este episodio arroja luz sobre el progreso en la lucha contra el VIH/SIDA, destacando los avances médicos y sociales que han mejorado la calidad de vida de las personas afectadas por esta enfermedad.

2. **"La Erradicación de la Viruela"**: La historia de cómo la viruela, una vez una amenaza mortal, fue completamente erradicada, es un testimonio del poder de la ciencia y la cooperación global.

3. **"Combatiendo el Hambre"**: Explora cómo los esfuerzos globales han llevado a la disminución del hambre en todo el mundo, y cómo la seguridad alimentaria se ha convertido en una realidad para más personas.

4. **"Menos Vidas en la Calle"**: Este episodio aborda la cuestión de las personas sin hogar y muestra cómo las comunidades han trabajado para reducir la cantidad de personas que viven en las calles.

5. **"Epidemias Controladas"**: Destaca los esfuerzos para controlar y prevenir epidemias de enfermedades contagiosas, mostrando cómo se han evitado brotes devastadores.

6. **"Disminución del Analfabetismo"**: Analiza cómo la alfabetización se ha convertido en una herramienta poderosa para el empoderamiento y el desarrollo humano en todo el mundo.

7. **"Declive de las Enfermedades Cardíacas"**: Explora avances médicos y cambios en el estilo de vida que han llevado a una disminución de las enfermedades cardíacas, una de las principales causas de muerte.

8. **"Reducción del Consumo de Tabaco"**: Muestra cómo la conciencia sobre los riesgos del tabaco ha llevado a una disminución en el consumo de este producto perjudicial para la salud.

9. **"Menos Conflictos Armados"**: Examina cómo la diplomacia y los esfuerzos por la paz han contribuido a la disminución de los conflictos armados en algunas regiones del mundo.

10. **"Disminución de la Pobreza Extrema"**: Cierra la serie destacando cómo se han logrado avances en la reducción de la pobreza extrema, mejorando las condiciones de vida de millones de personas.

Cada episodio de la serie "Declives Transformadores" es un testimonio de cómo la perseverancia, la colaboración y la innovación pueden llevar a un cambio significativo en la sociedad y cómo podemos aprender de estos éxitos para enfrentar los desafíos futuros con esperanza y determinación.

www.ingramcontent.com/pod-product-compliance
Lightning Source LLC
Chambersburg PA
CBHW070839250726
48662CB00003B/1295